수십 년 전 칼 로저스가 제안한 공감적 경청의 가치, 곧 친밀감, 신뢰, 평안, 치유 같은 보물의 문을 활짝 열어 주는 공감적 경청의 가치가 윌리엄 밀러 특유의 목소리에 생생하게 살아 있다. 그는 관계에 꼭 필요한 공감적 경청이라는 요소의 의미를 오늘날 세상에 확장하고 있다. 『잘 듣는 법』이 알려 주는 섬세하면서도 강력한 연결의 원리를 의도적으로 실천함으로써 그 원리가 우리 일상은 물론 더 광범위한 인류 갈등의 문화에 쉽게 녹아들기를 바란다.

게이 레아 바필드 | 캘리포니아 라호야 칼로저스평화연구소,
인간학연구소 공동 설립자

경청을 해야 할 때가 있다면 바로 지금이다. 이 책을 통해 우리는 다름을 해소하고 마음을 열고 다리를 놓는 법을 배운다. 더 이상의 말은 필요 없다.

스캇 D. 밀러 | 국제임상연구소 소장

『잘 듣는 법』은 캄캄한 밤하늘에 뜬 커다란 보름달처럼 멋지고 흥미진진하며 환하게 빛나는 책이다. 혁신적인 동기 강화 면담을 공동 개발한 저자는 이 책에서 예술과 과학을 융합하여 경청의 본질적인 기술을 가르치고 인간관계를 증진한다.

존 C. 노크로스 | 스크랜튼 대학교 심리학과 교수

『잘 듣는 법』은 애정 어린 관계에 헌신한 개인이나 그룹을 위한 훌륭한 실전 교재다. 경청의 기술을 향상하기 위한 통찰력과 실용적인 연습법이 가득한 이 책을 전문가와 일반인 모두에게 적극 추천한다.

데브라 잉퀴스트 | 은퇴 목사

『잘 듣는 법』은 단순히 듣기에 관한 책이 아니다. 쉽게 읽히는 짤막한 이 책은 인간관계 전반에 대한 간략한 설명을 제시한다. 저자는 다양하고 유용한 설명과 예시, 연습 문제를 통해 인간 상호작용에서 공감의 대상과 이유, 방법을 보여 준다. 직장에서나 개인적인 상황에서 경청과 관계 기술을 개선하고 싶거나 개선해야만 하는 사람들에게 굉장히 유용하다.

하워드 커센바움 | 로체스터 대학교 상담과인간개발학부 학과장

잘 듣는 법

잘 듣는 법

대화를 열어 주는
공감적 경청의 기술

윌리엄 밀러 지음 | **이지혜** 옮김

바람이불어오는곳

토머스 고든 박사에게 감사를 전하며

차례

서문

"다른 사람의 이야기를 잘 들어 주나요?"

이 질문에 대부분의 사람들은 그렇다고 답할 것이다. 그러나 잘 듣는다는 것은 가정이나 학교에서 배우기 어려우면서도 생활과 관계에서 매우 중요한 일련의 기술을 수반한다. 나도 분명 처음부터 잘 듣는 사람은 아니었다. 하지만 이 기술은 오랜 시간에 걸쳐 내가 배운 가장 중요한 것 가운데 하나이며 여전히 나는 그것을 갈고 닦는 중이다.

잘 듣는다는 것은 그냥 잠자코 있는 것(물론 이 것도 좋은 출발점이 될 수 있다)보다 훨씬 더 많은 것을 수반한다. 이 능력은 본래 **정확한 공감**이라고 불렸으며,[1] 누군가에 대해 단순히 동정하거나 공감하는 것 이상을 뜻한다. 이것은 당신이 하는 **행동**, 곧 "(사람의) 감정과 그 감정의 의미를 정확하고 민감하게

인지하고 소통하는 능력"이다.[2]

다행스럽게도 이러한 중요한 기술은 배울 수 있는 것이므로 당신도 점점 나아질 수 있다. 나는 50년 동안 사람들이 공감하며 이해하는 역량을 개발하도록 도왔고,[3] 일반 신도, 상담 받는 개인과 부부, 자원봉사자와 전문 조력자, 대학생과 대학원생, 성직자, 보건 및 사회복지 종사자들을 가르쳤다. 대학 졸업장이 없더라도 얼마든지 이 방법을 배울 수 있다. 사실 우리의 연구로는, 이 책에 나오는 기술들을 사용할 수 있는 능력과 교육 수준의 상관관계를 밝히지 못했다. 일상 경험에서 이런 기술을 습득하는 사람이 상대적으로 적기는 하지만 충분히 배울 수 있는 기술이다.

어쩌면 우리 사회에 공감적 이해와 자비로움이 되살아나야 할 필요성이 그 어느 때보다도 절실해졌는지 모른다. 비인간적인 행태와 갈등으로 세상은 계속 피폐해지고 있다. 우리나라를 비롯한 민주주의 국가들에서는 '반대편'이라고 여기는 사람들에게 거의 귀를 기울이지 않으며 극심한 양극화에 굴복했다. 갈등은 정치, 경제, 국제 관계에서 필수적인 해결책은 아니라 하더라도 실행 가능한 해결책으로 여겨지게 되었다. 사회적 담론은 점점 인간미 없는 온라인 소셜 미디어로 옮겨 가고 있다. 하지만 꼭 그래야 할 필요는 없다.

공감적 이해의 **역량**은 개인, 더 나아가 인류 전체의 생존에 도움이 되는 잠재력으로 태어날 때부터 우리 두뇌에 심겨 있다. 다른 재능(운동이나 음악 같은)과 마찬가지로 이 능력이 드러나는 것은 개인의 역량과 연습 기회에 따라 어느 정도 달라진다.[4] 5장부터는 독자들이 이 기술들을 강화하도록 연습할 수 있는 '연습해 봅시다!' 코너가 있다. 궁극적으로는 이것들을 당신의 일상에 녹여 내는 게 중요하다.

이 작은 책을 천천히 읽어 주길 바란다. 큰 그림을 이해해야 하겠지만, 단순히 읽기만 해서는 배울 수 없는 구체적인 기술들도 있다. 이어지는 각 장에서 소개하는 요소들은 서로를 기반으로 해서 쌓아 올려지므로, 마치 악기 연주법을 배우듯 시간을 내서 하나하나 연습해 보기 바란다. 어떤 요소들은 당신이 이미 의사소통과 관련해 배운 적 있는 복잡하지 않고 쉬운 것일 수 있고, 또 다른 요소들은 단순해 보이지만 실제 연습에서는 훨씬 어렵게 느껴질 수도 있다. 두 가지 요소를 종합하면, 당신이 평생에 걸쳐 다듬어 나갈 수 있는 유용한 기술이 될 것이다.

1. 함께

"누군가를 정말로 이해하려고 한다면 그 사람의
입장에서 생각해야 하는 거야. 말하자면 그
사람 살갗 안으로 들어가 그 사람이 되어서 걸어
다니는 거지."
–하퍼 리, 『앵무새 죽이기』

인간은 지극히 사회적인 동물이다. 우리의 언
어, 관습, 가치, 태도, 신념, 심지어 자기 이해마저도
타인들과의 상호작용을 통해 발달한다. 누군가 "당
신은 누구입니까?"라고 묻는다면 대부분의 대답은
관계를 나타내는 말로 표현될 것이다. 가족 안에서
의 역할, 문화적 또는 종교적 정체성, 직업이나 취미
에 대해 이야기할 것이다. 이 모두는 다른 사람들과
의 관계에서 자신이 누구인지 설명한다. 관계의 부

재(독신이나 독립, 독거, 무신론자, 자급자족 같은)를 암시하는 서술어조차도 다른 사람과의 관계에서 우리가 누구이며 어떤 상태인지를 나타낸다.

인간 본성의 멋진 측면은 우리가 자신의 경험과 관점에 국한되지 않는다는 것이다. 책과 영화를 통해 다른 사람의 생각과 관점, 타인의 삶과 상상에 접근할 수 있다. 모든 대화가 그와 비슷한 기회를 제공한다. 우리는 이미 아는 지식에 제한받지 않지만, 다른 사람들의 영향을 받지 않거나 변화되지 않은 채 계속 살아갈 필요도 없다. 우리는 서로의 경험에서 유익을 얻을 수 있는 사회적 존재다.

자신의 관점에서 벗어나 나 아닌 다른 사람의 관점에서 볼 수 있는 역량(우리의 현실 외에도 다른 현실이 있다는 인식)은 인간 발달에서 매우 중요하다. 다른 사람의 관점을 인지하고 구별하는 이런 능력은 종종 **공감**(empathy)이라 불린다. 공감은 인간의 지능을 구성하는 중요한 요소다. 간단히 머릿속으로도 이를 수행할 수 있다. 당신은 한쪽에서 어떤 물체를 보고 있는데 반대쪽에서 보고 있는 누군가에게 그 물체가 어떻게 보일지 상상할 수 있는가? 다음 두 모형으로 직접 시도해 보라. 뒤쪽에서 바라볼 때 이 두 모형이 어떻게 보일지 상상할 수 있는가?

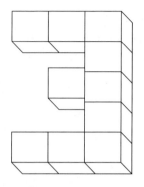

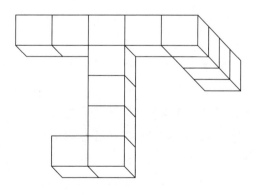

다른 사람들에 비해 이런 문제를 잘 푸는 사람들이 있지만, 이 능력은 일반적으로 아이들이 성장함에 따라 발달한다.

다른 사람의 관점을 갖는다는 것은 단순한 감각적 인식을 넘어 특정 상황에서 다른 사람이 어떻게 생각하고 느낄지를 상상하는 것이다. 영화, 책, 연극 작품에 감동하는 것은 우리가 등장인물의 입장이 되어 그 사람이 경험할 법한 것들을 조금이나마 느끼기 때문이다. 사람들의 이야기를 들을 때 우리는 그들이 어떤 감정을 느끼는지 혹은 말하지는 않지만 어떤 생각을 하는지 상상할 수 있다. 심지어 서로 반대하는 사람들도 상대가 무슨 생각을 하는지 추측하려 노력한다.

우리는 그렇게 하도록 타고났다. 뇌의 '미러링' 시스템은 말 그대로 관찰된 어떤 행동의 전기적 패턴을 복제한다. 누군가 무거운 망치를 들고 못을 박는 모습을 목격하거나 상상할 때면 마치 당신이 직접 움직이고 있는 것처럼 근육이 미묘하게 긴장한다. 누군가의 얼굴을 부드럽게 쓰다듬는 모습을 바라볼 때면 당신 피부의 같은 부위 감각을 담당하는 뇌의 영역이 활성화되는 것이 보인다. 다른 사람들의 경험과 의도를 읽을 수 있는 능력은 사회적 기술일 뿐 아니라 나아가 개인과 생물 종의 생존에 필수적인 요소다. 일부 자폐증의 경우처럼 이런 능력이 상대적으로 부족한 사람은 다른 사람과의 관계에서 심각한 문제를 겪는다.

다른 사람이 무슨 생각을 하고 어떤 경험을 하는지 해석하고 추측하는 능력은 우리 안에 내재해 있다. 하지만 우리가 하는 추측이 대개는 잘못될 수 있다는 점 또한 분명하다. 우리는 다른 사람의 의도를 잘못 해석하거나 그들이 느끼거나 의미하는 바를 잘못 읽을 수 있다. 여기가 바로 공감적 이해(empathic understanding) 또는 **정확한 공감**(accurate empathy)이 중요해지는 지점이다. 이는 공동 생활에서 중요한 기술이며 연습을 통해 강화될 수 있다. 공감적 이해는 단순히 당신이 **소유한** 어떤 것이 아니라 당신이 **행동하고 경험하는** 어떤 것이다. 그것은 관계에서 발생하고 당신의 삶을 풍요롭게 한다. 이 필요한 기술은 일단 개발하고 나면 당신이 다른 사람들에게 줄 수 있는 귀중한 선물이 된다. 이 기술은 오해를 막아 주고 대화가 더욱 매끄럽고 편안하게 흘러가도록 돕는다.

이 책에서 설명하는 기술을 연습함으로써 친구와 가족, 직장 동료와 동업자, 고객이나 학생과 같은 주변 사람들과의 일상적인 관계가 돈독해지고 깊어질 수 있다. 이어지는 여러 장에서는 당신만의 공감 기술을 개발하고 연마할 수 있도록 '연습해 봅시다!' 코너를 제공한다. 그 내용을 실제로 연습하기를 권한다. 당신의 연습을 기꺼이 도울 의향이 있는 사람들과, 그리고 어쩌면 배우고 싶어 하는 사람들과 함께 시도해 보기 바란다. 처음부터 갈등이나 긴장 상황처럼 어려운 상황에서 시도하지 말라. 여유롭고 맑은 정신으로 집중할 수 있을 때 우리는 가장 잘 배운다. 다른 사람을 **이해하고** 당신이 그들을 이해하고 있다는 사실을 알리는 것을 목표로 연습하라. 당신이 연습하는 것을 향상하는 것 이외에 다른 것을 이루려 애쓰지 말라. 할 수 있는 말은 많겠지만 잠시 보류하고 그 대신 새롭고 다른 것을 시도하는 데 집중해 보자. 시간이 지남에 따라 그 결과는 (내 경우에 분명 그러했듯이) 인생을 뒤바꿀 만한 것이 된다. 하지만 스스로 인내심을 가져야 한다. 운동이나 악기를 배울 때와 마찬가지로 우선 습득해야 할 기본 기술이 몇 가지 있다.

2. 정확한 공감

〔공감〕은 우리가 자신을 사용하는 가장 섬세하고
강력한 방법 가운데 하나다. 이 주제를 다룬
말과 글이 수도 없이 많지만, 이런 존재 방식이
관계에서 활짝 핀 모습은 거의 찾아보기 힘들다.
－칼 로저스, 「공감: 진가를 인정받지 못한 존재 방식」[5]

공감은 어느 정도 타고나는 것이지만 정확한
공감은 그렇지 않다. 우리가 다른 사람들이 어떤 생
각을 하고 어떻게 느끼는지 상상할 수 있다는 사실
이 곧 우리의 추측이 옳다는 것을 의미하지는 않는
다. 그러나 대부분의 사람은 대체로 자신의 해석이
정확하다고 생각하며 그에 따라 행동한다. 이는 수
많은 오해와 갈등의 원인이 될 수 있다.

공감이 아닌 것

먼저 무엇이 공감이 아닌지를 생각해 본다면 공감이 무엇인지 생각하는 데 도움이 될 것이다. 공감(empathy), 글자 그대로 '안에서 느끼는 것'(feeling in)은 누군가가 **안됐다거나** 불쌍하다고 느끼는 동정(sympathy)과는 다르다. 실제로 동정은 상대방과 어느 정도 거리를 두고 물러나서 다른 누군가에게(즉 타인에게) 안쓰러운 감정을 갖는 것을 말한다. 동정심은 칭찬할 만한 것이고 자비로운 행동을 유발하기도 하지만 공감과는 다르다.

공감은 감정이나 애정이 없는 **무심**(apathy)과도 다르다. 무심은 염려나 관심이 없는 단절을 의미하며, 이는 정서적 연결 없이 대상을 관찰하는 객관성으로 오인될 수 있다. 반면, 공감은 다른 사람에 대한 관심뿐만 아니라 교감, 즉 그들의 경험을 이해하고자 하는 적극적인 관심도 포함한다.

마지막으로, 공감은 다른 사람과 **동일시**하는 것과도 다르다. 공감을 하기 위해 비슷한 경험을 했다거나 비슷한 감정을 느껴야 할 필요는 없다. 화가 난 사람을 공감하고 이해하기 위해 당신도 같이 분노할 필요는 없다. 당신에게 비슷한 경험이 있다는 이유로 누군가와 동일시한다면 오히려 정확한 공감을 방해받을 수 있다. 그들이 표현한 경험이 당신의 경험과 너무 유사하면 그들의 경험이 당신의 경험과 어떻게 다른지 오히려 이해하기 어려울 수 있다.

배울 수 있는 유용한 기술

정확한 공감은 배울 수 있는 기술이다. 그것은 다른 사람들이 경험하고 있는 것을 명확하게 이해하고 그들을 '제대로 이해하는' 능력이다. 로버트 하인라인(Robert Heinlein)은 자신의 고전 소설 『낯선 땅의 이방인』(Stranger in a Strange Land)에서 그런 의미를 담은 동사 '그록'을 만들어 냈다. "I grok you." 당신이 하는 말을 명확히 이해한다는 뜻이다. 확실히 어떤 사람들은 공감 능력을 개발하는 데 소질이 있는 것 같다. 그들은 더 빨리 익히고 더 빨리 '그록' 한다. 반면에 어떤 사람들은 자신의 가정을 내려놓고 다른 사람의 관점을 취하는 데 어려움을 더 많이 겪는다. 수년에 걸쳐 최선의 노력을 기울였지만 이 기술을 가르칠 수 없는 사람들이 몇몇 있었다. 그들은 자신의 관점과 다른 관점을 받아들이기 힘들어하는 것 같았다.

하지만 대부분의 사람들은 정확한 공감 기술을 습득할 수 있다. 그 기술은 악기 연주와 비슷하다고 할 수 있다. 타고난 귀와 재능이 있어 금세 익히는 사람이 있는가 하면, 진짜 '음치'인 사람도 있다. 오랜 시간 연습과 지도를 통해 상당한 기술을 개발하고 더 나아지는 상당수의 사람들이 그 중간에 있다. 한번 배우고 나서 더는 연습하지 않거나 꾸준히 사용하지 않는 경우도 있다.

어느 경우든 시도해 볼 가치는 충분하다. 정확한 공감은 소통을 명확히 하고 관계를 돈독하게 한다. 양육과 교육, 우정과 사업에 도움이 된다. 남을 돕는 직업에 기본이 되는 기술이기도 하다. 정확한 공감을 개발하는 것은 평생에 걸친 배움의 과정이며 연습을 통해 계속 향상될 수 있다.

얼른 덧붙이자면, 여기에는 기술 이상의 것이 있다. 연습을 통해 더 익숙해지는 특별한 기술도 있지만, 공감적 이해는 시간이 지남에 따라 당신의 **일부**가 될 것이다. 다른 사람의 경험을 이해하려는 열린 마음은 당신을 변화시키게 마련이다. 마치 악기를 연습하는 것과 음악가가 되는 것의 차이랄까.

하지만 그 전에 살펴볼 이야기가 있다.

3. 정확한 공감의 원리

대부분의 사람들은 이해하려는 의도가 아닌
대답하려는 의도로 듣는다.
－스티븐 코비, 『성공하는 사람들의 일곱 가지 습관』

어떤 의미에서 정확한 공감은 간단하다. 상대
방이 생각하고 느끼고 경험하고 의미하는 바를 그
저 제대로 이해하는 것이다. 정확한 공감에 능숙한
사람을 보면 쉬워 보이지만 실제로는 그렇지 않다.
적어도 처음에는 그렇다. 시도해 보기 전까지는 간
단해 보인다.

심리학자 칼 로저스의 제자이자 평생에 걸친
연구로 정확한 공감에 대한 이해를 발전시킨 토머
스 고든[6]은 정확한 공감을 보여 주는 명확하고 유용
한 도표를 제시했다. 도표는 다음과 같이 네 개의 상

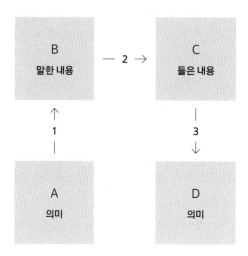

자로 구성되어 있다.

　누군가 말을 하거나 다른 방법으로 의사를 전달하기에 앞서 감춰져 있는 의미가 있다. 화자의 평생의 경험을 배경으로 한 순간 머리와 마음속에 일어나는 일. **의미**라고 표시된 왼쪽 아래 상자 A가 그것이다.

　다음으로, 화자가 말한 것. **말한 내용**이라 쓰여진 상자 B가 있다. 이메일이나 문자 메시지로 소통할 경우에는 글자만 주고받는다. 그러나 직접 대면해서는 글로 남긴 것보다 훨씬 더 많은 것을 '말'한다. 얼굴 표정, 어조와 성량, 자세, 몸짓 등에 추가 정보가 들어 있다. 간단히 표현하기 위해 왼쪽 위 상자를 '말한 내용'이라 했지만, 거기에는 더 많은 것이 포함되어 있음을 기억하자.

이제 청자를 나타내는 도표의 오른쪽으로(상자 C) 넘어가 보자. 첫 단계는 말을 제대로 이해하는 것, 즉 화자가 실제로 말한 내용을 듣는 것이다. 법원 속기사의 인상적인 기술이 이것인데, 곧 말한 그대로 정확히 단어를 기록하는 것이다. 이 과정이 잘 수행되면, 말한 내용을 '즉시 재생'을 통해 정확하게 재현할 수 있다. 오른쪽 위에 있는 상자가 바로 이 **들은 내용**이다.

마지막으로, 오른쪽 아래에 **의미**라는 이름이 붙은 상자 D가 있다. 청자는 여기서 자기가 들은 내용을 해석한다. 화자가 하는 말은 무슨 뜻일까? 이는 언제나 추측이지만, 청자는 자신의 해석이 실제로는 추측이자 가설일 뿐이라는 사실을 의식하지 못할 때가 많다.

숫자가 쓰인 화살표로 표시한 세 군데 지점에서 소통에 문제가 생길 수 있다.

첫째(화살표 1), 사람들이 언제나 진심을 말하지 않는다는 것은 누구나 아는 사실이다. 사실 모든 발언은 그 발언이 비롯된 풍부한 내적 경험의 작은 부분만을 포함한다. 화자가 자신의 뜻을 말로 표현하는 데 재주가 없을 수 있고 모국어가 아닌 외국어로 말할 수도 있다. 당혹감, 두려움, 좋은 인상을 주려는 마음, 또는 속이려는 의도 등으로 말의 내용은 여러 형태로 만들어질 수 있다. 말의 내용은 이야기의 작은 부분에 불과하지만, 여기서 명확한 의사소통이 가장 먼저 틀어질 수 있다.

둘째(화살표 2), 청자는 상대가 말한 내용을 들어야 한다. 부주의, 거리, 산만함, 청각 장애, 모국어가 아닌 말로 듣는 것 등 많은 요인이 이 과정을 방해할 수 있다. 말이 정확하게 수신되지 않으면 상자 B와 상자 C는 서로 달라져서 오해의 또 다른 잠재적인 요인이 된다.

셋째 단계(화살표 3)에서는 화자의 의도를 해독해야 하는데, 이는 오해의 소지가 많다. 청자는 재빨리 (그리고 대개는 무의식적으로) 자기 내면에 있는 사전에서 각 단어의 가능한 의미를 검색하고 과거의 경험을 바탕으로 그 의미에 대한 해석을 조합한다. 이때쯤 상자 D는 상자 A와 매우 다를 수 있다. 하지만 청자는 상자 D가 상자 A와 **같은** 것처럼 응답할 수 있다.

이제 예를 하나 들어 보자. 일 년 정도 같이 산 두 사람이 있다고 상상해 보자. 한 사람(청자)은 사무실에서 일하고, 다른 한 사람(화자)은 가사를 돌보며 거의 집에 머문다. 저녁 식사를 마치고 나서 화자는 둘이서 함께 오붓한 시간을 보내기를 바라지만 이 상황에서 그 말을 하지 않았다. 그런데 다시 일을 하려는 듯 자료를 챙기는 상대의 모습을 본 화자는 실망스럽지만 이날 저녁의 바람에 대해 이번에도 아무런 내색을 하지 않는다. 따라서 함께 시간을 보내고 싶었던 화자의 내면의 경험(상자 A)은 이러할 것이다. '사랑해. 우리가 함께 보낸 시간이 너무나 그리워. 오늘 밤은 그냥 집에 있으면서 함께 대화하고 어쩌면 사랑을 나눌 수 있으면 좋겠어.'

그렇다면 화자는 이 모든 내용을 어떻게 말로 표현할까? 실제로 말한 내용(상자 B)은 이렇다. "외출하는 거야?"

그 순간 두 사람이 서로 바라보고 있지 않더라도 청자가 그 말을 듣는 것은 어렵지 않다(상자 C). 이 질문은 화자의 어조에 묻어난 짜증의 기미와 함께 청자의 귀에 울려 퍼진다. 그런데 공교롭게도 청자는 다소 권위적인 부모 아래서 자란 탓에 통제에 대한 반항심이 여전히 남아 있다. 그런 까닭에 이 말의 의미(상자 D)는 이렇게 될 것이다. '무슨 계획이 있으면 항상 미리 말하고 내 허락을 받아야지.' 결과적으로 청자는 이렇게 반응한다. "그만 좀 해!"

한마디 말로 얼마나 큰 사달이 나는지 모른다! 화자는 "사랑해. 너와 함께 시간을 보내고 싶어"라고 말하고 싶었는데, "그만 좀 해!"라는 거절에 깜짝 놀라고 만다. 이게 무슨 뜻인가? 이런 식으로 대화는 계속된다.

정확한 공감의 핵심은 오해의 여지를 남기지 않음으로써 대화가 잘못된 방향이 아닌 올바른 방향으로 나아가도록 하는 것이다. 단순하게 말해서, 상자 D가 상자 A와 같은지를 알아내는 것이다. **내가 제대로 짐작했는가?** 이를 위해 필요한 학습 가능한 기술 몇 가지를 후속 장들에서 설명할 텐데, 거듭 말하건대 이 기술은 단순하지만 반드시 쉬운 것은 아니다. 여기서 요점은 정확하게 이해했다고 그냥 가정하는 게 아니라 이해한 내용이 정확한지 **알아내야** 한다는 것이다. 그렇다고 말끝마다 "그러니까······라는 뜻이죠?"라고 묻는다면, 대화는 성가신 일이 될 테고 그렇게 하는 것은 일반적인 대화 방식도 아니다. 일반적인 대화의 흐름에 정확한 공감을 통합함으로써 화자와 청자의 뜻이 일치하게 하는 것은 진정한 기술이 필요한 일종의 예술이다.

이는 노력할 만한 가치가 있는 일이다. 앞의 사례에서 보듯, 상자 A에서 상자 D까지 가는 한 번의 과정조차도 끔찍한 재앙이 될 수 있다. 명확한 의사소통은 거의 모든 관계에서 핵심이다. 이 주제는 12장과 13장에서 더 자세히 살펴보겠다. 정확한 공감은 잘 배워 둔다면 당신이 다른 사람에게 줄 수 있는 정말로 소중한 선물이 될 것이다.

정확한 공감이라는 선물은 그것을 받는 쪽인 화자에게 몇 가지 중요한 가치가 있다. 첫째, 직접 말하지 않더라도 청자의 배려와 존중하는 마음이 전달된다. 이런 말이 없이도 말이다. "당신은 내게 소중합니다. 당신이 하는 말을 이해하고 싶고 당신을 더 잘 알기 위해 기꺼이 시간을 내고 싶습니다. 당신이 하는 말과 의미하는 바는 내게 중요합니다." 둘째로, 자신의 말이 전달된다는 느낌을 받는다. 청자가 명확하게 이해했으므로 같은 말을 반복할 필요가 없다. 못지않게 중요한 세 번째 가치는, 화자가 자기 경험을 탐색하고 더욱 명확하게 이해하는 데 도움이 된다는 것이다. 실제로 이런 이유로 상담사들이 정확한 공감의 기술을 배우고 있다.

정확한 공감은 이 선물을 주는 쪽인 청자에게

도 가치가 있다. 청자는 이를 통해 오해를 피하고 상대와의 관계를 돈독히 할 수 있다. 나는 오랜 시간 정확한 공감을 실천한다면 청자에게도 변화가 따라온다고 믿는다. 공감적 이해의 능력을 갖추면 더 큰 수용과 연민, 용서와 겸손을 얻을 수 있다. 공감적 경청은 당신이 우주의 중심이 아니며 유일한 진리의 원천이 아님을 항상 일깨워 준다. 정확한 공감은 인간의 다양성과 상호 연결성 양쪽 모두를 인식하게 해 준다. 적어도 나의 경험은 그랬다.

4. 공감적 이해의 태도

대부분의 사람은 자기 말에 귀 기울여 주기를
정말로 원한다.
– 메리 루 케이시

    음악과 마찬가지로 공감적 이해는 기교만으로
되지 않는다. 물론 연습해서 향상되는 기술이 분명
있지만, 기교가 문제의 본질은 아니다. 잘 듣는다는
것은 공감하는 태도라는 특정한 모자를 쓰고 특정
한 역할을 받아들이는 것과 같다고 할 수 있다.
    정확한 공감을 실천하려 할 때 대화에 임하면
서 가져야 할 사고방식 또는 '마음가짐'이 있다. 그
렇다고 정확한 공감을 실천하기 전에 반드시 갖춰
야 할 전제 조건은 아니다. 오히려 정확한 공감을 실
천함으로써 이러한 마음의 습관을 배운다고 할 수

있다. 그렇지만 공감적 이해의 이면에 있는 '전제'에 대해 열린 자세와 그것을 받아들이려는 최소한의 의지는 꼭 필요하다.

정확한 공감에 필요한 마음가짐

첫째. 다른 사람의 눈으로 보고, 상대의 입장에서 생각하고, 타인의 인식과 경험을 이해하는 것이 가치 있다고 전제해야 한다. 실제로 이것은 명확한 의사소통을 위한 선행 조건이며, 당신이 제아무리 추측을 잘한다 해도 불완전하다는 것을 깨닫는 것이다. 적어도 당신이 이해했다는 확신이 들 때까지는 반응하지 않는 게 낫다.

둘째. 관심의 대상이 되지 않으려는 의지가 있어야 한다. 공감한다는 것은 자기중심성에서 한 걸음 물러나 타인을 이해하기 위해 자신의 '이야기'를 잠시 미뤄 두는 것이다. 공감적 이해에는 다른 사람의 경험에 대한 진심 어린 관심과 호기심이 따른다. 내가 심리학자로서 누린 큰 특권 가운데 하나는 긴 세월 동안 수많은 다양한 사람들의 사적인 내면세계에 들어가 볼 수 있었다는 것이다. 그런 즐거움은 전문가들의 전유물이 아니다. 친구와 연인 사이에서도 공유할 수 있고 그래야만 한다. 그것은 교육, 리더십, 목회, 멘토링 등에서 중요한 부분이 될 수 있고, 가족 및 직장 동료와의 관계를 풍요롭게 할 수 있다.

자신을 넘어서 경청하면 다른 사람에게서 지혜를 발견할 수 있다. 여기에 세 번째 마음가짐이 있다. **다른 사람들은 우리에게 가르쳐 줄 것이 많으며, 특히 중요한 면에서 우리와 다른 사람들이 그렇다.** 공감적 이해는 차이를 존중하고 가치 있게 여기며 그로부터 배우는 것이다.

좀 더 깊은 차원에서, 정확한 공감 아래에는 마음의 의도이자 습관인 연민(compassion)이 있다. 연민은 다른 사람에 대한 단순한 관심이나 호기심을 넘어서서 그들이 행복하기를 바라는 열망이자 헌신이다. 다른 사람의 고통을 이해할수록 그 고통을 덜어 주고 싶은 당신의 바람도 커진다.[7] 다른 사람의 말에 귀를 기울일수록 우리는 서로가 얼마나 비슷하고 어떻게 연결되어 있는지를 더욱 절감하게 된다.

다른 사람의 눈으로 보고, 자기중심성을 내려놓고, 상대가 주는 것을 정중히 받고, 상대방이 행복하기를 열망하는 의지. 이것이 바로 공감적 이해의

기초가 되고 동기를 부여하는 생각과 마음의 습관
이다.

5. 경청을 방해하는 것들

> 귀는 두 개이고 입은 하나이니 거기에 맞게
> 활용해야 한다.
> - 수전 케인, 『콰이어트』[1]

무언가를 이해하는 한 가지 방법은 먼저 무엇이 아닌지를 아는 것이다. 우리 대부분은 스스로 남의 말을 경청하는 사람이라고 생각하지만, 대화에서 실제 어떻게 행동하는지는 사뭇 다른 문제다.

여기서 다시 토머스 고든의 글을 가져와서 훌륭한 경청이 아닌 것이 어떤 것인지 설명해 보겠다.[8] 고든이 말한 열두 가지 방해 요소를 다소 수정하긴 했지만, 그 지혜와 간결함은 오롯이 그의 것이다. 다음은 사람들이 때로는 잘 들으려는 의도가 있으면서도 경청 대신 보이는 열두 가지 방식이다.

1. **지시**는 마치 분부나 명령을 내리듯 누군가에게 무엇을 하라고 말한다.

- 넌 현실을 직시해야 해!
- 집어치워!
- 곧장 돌아가서 그녀에게 사과해!
- 그만 투덜대고 뭐라도 좀 해!

2. **경고**는 누군가 하고 있는 일의 위험성을 지적한다. 이는 협박이 될 수도 있다.

- 그렇게 했다간 후회하게 될 거야.
- 계속 이러면 어떤 일이 벌어질지 몰라?
- 네가 이 관계를 망치고 있어.
- 내 말을 듣는 편이 좋을 거야.

3. **충고**는 대개 도움을 주려는 의도로 제안하고 해결책을 제시한다.

- 내가 너라면 이렇게 할 것 같아.
- 이렇게 생각해 봤니?
- 네가 해 볼 수 있는 한 가지는…….
- ……하는 건 어때?

4. **설득**은 잔소리나 주장, 이유 제시, 논리적 설득 등이 될 수 있다.

- 네가 생각만 해 봐도 ……라는 걸 알 수 있을
  거야.

- 맞아, 하지만 너는 ……라는 걸 모르고 있어.
- 이제 이 문제를 잘 생각해 보자. 분명한
  사실은…….
- 이렇게 하는 게 맞고, 그 이유는……

5. **훈계**는 사람들에게 해야 할 일을 말해 준다.
- 넌 진짜로 ……해야 해.
- 넌 ……할 필요가 있어.
- 내 생각에 넌 ……해야 해.
- ……하는 게 네 의무야.

6. **판단**은 비난, 비판, 혹은 단순한 반대의 형태
를 띠기도 한다.
- 흠, 이건 네 잘못이야!
- 아침 열 시인데 아직도 자고 있니?
- 아니, 그건 네가 잘못한 거야.
- 글쎄, 넌 뭘 기대했던 거니?

7. **동의**는 일반적으로 상대방의 편을 들거나 인
정하고 칭찬하는 것처럼 들린다.
- 그래, 전적으로 네가 옳아.
- 잘됐다!
- 나 같아도 그렇게 했을 거야.
- 넌 정말 훌륭한 엄마야.

8. **조롱**은 상대방의 말이나 행동에 이름이나 고

정관념을 붙이는 것이 포함될 수 있다.

- 그건 바보 같은 생각이야.
- 어떻게 그런 짓을 할 수 있니?
- 넌 정말 스스로 창피한 줄 알아야 해.
- 넌 너무 이기적이야!

9. **분석**은 상대방의 말이나 행동을 재해석하거나 설명한다.

- 네 본심은 그게 아닐 텐데.
- 너의 진짜 문제점이 뭔지 알아?
- 넌 그냥 나를 나쁜 사람 만들려고 하는 거야.
- 여기서 진짜 문제는 ……인 것 같아.

10. **탐문**은 사실을 수집하거나 더 많은 정보를 캐내기 위해 질문한다.

- 네가 그걸 처음 깨달은 게 언제야?
- 왜 그렇게 느끼는 거야?
- 네가 마지막으로 그걸 본 장소가 어디야?
- 왜?

11. **위안**은 동정이나 위로처럼 들릴 수 있다.

- 오, 가여워라. 너 참 안됐구나.
- 자, 모든 게 분명 다 잘될 거야.
- 상황이 그렇게 나쁘지는 않아.
- 1년 후에는 아마 이 일을 돌아보며 웃고 있을

거야.

12. **환기**는 유머, 주제 바꾸기, 또는 중단을 통해 사람들이 현재 겪고 있는 일에서 주의를 돌리게 하려는 노력이다.

- 우리 다른 이야기 하자.
- 넌 우울해할 사람이 아니야! 기운 내!
- 넌 네가 문제라고 생각하는구나. 내 말 들어 봐.
- 그 말을 들으니 이런 농담이 떠오르네.

그렇다면 방해물의 문제점은 무엇인가

이따금 내가 이런 것들을 '방해물 반응'이라고 설명하면 사람들은 이렇게 묻는다. "그게 뭐가 문제죠?" 사실 나는 이런 반응들이 잘못되었다고 말하는 게 아니다. 이런 각각의 반응이 적절한 때와 장소도 있다. 다만 그것들이 훌륭한 경청은 아니라는 것이며, 만약 정확한 공감의 기술을 개발하고 싶다면 이러한 반사적인 반응을 멈추는 것이 중요하다. 방해물은 사람들의 자연스러운 경험의 흐름에서 벗어나게 하는 경향이 있다. 화자는 같은 방향으로 계속 탐색하기 위해 방해물을 우회해야 하는데 그러다가

주의가 산만해질 수 있다.

방해물 반응 배후에는 이해를 방해하는 몇 가지 암묵적인 주제들이 있다. 의도했든 안 했든, 그 가운데 다수는 "내가 제일 잘 아니 내 말을 들어라"라는 식의 우월한 입장을 취한다. 그중 일부는 화자에게 문제가 있다고 암시하는 노골적인 비방이며, 이는 소통을 차단해 버리는 경향이 있다. 동의, 위안, 환기 같은 것들은 "그만큼 말했으면 됐잖아"라는 메시지를 줌으로써 대부분 대화를 끊어 버린다. 이런 식으로 반응해서는 **절대** 안 된다는 것은 아니다. 다만 상대방의 관점과 경험을 이해하는 것이 목적이라면 그런 것은 훌륭한 경청의 태도가 아니라는 것이다.

연습해 봅시다!

방해물 반응의 한계를 경험하는 데 오랜 시간이 필요하지는 않다. 이 책에서 제시하는 대부분의 연습이 그러하듯, 적어도 한 명의 연습 상대가 필요하다. 이번 연습에는 화자와 조력자가 있다. 화자가 할 일은 자신에 대해 개선하고 싶은 것, 일상에서 만들고 싶은 긍정적인 변화에 대해 이야기하는 것이다. 전체 대화는 5분 정도로 한다. 당신이 생각하고 있는 변화가 무엇인지 간단하게 설명하며 시작해 보라.

조력자의 역할은 5분 이내에 가능한 한 많은 방해물 반응으로 불쑥 끼어드는 것이다. 방해물 목록을 가까이에 두라. 각각의 반응은 아래처럼 짧고 다정하게 한다.

- 판단: 넌 진짜 그렇게 해야 해. 그럴 필요가 있어.
- 동의: 그래. 네가 옳아.
- 해석: 너의 진짜 문제는 그게 아닌 것 같아.
- 제안: 이렇게 하면 될 것 같아.

즐겁게 연습해 보기 바란다. 너무 심각할 필요는 없고 그냥 대화가 계속 흘러가게 노력한다. 화자는 자신이 어떻게 변화할 수 있는지에 대해 계속 이야기하고, 조력자는 다양한 방해물을 계속 던져 보라. 대화가 유쾌하게 흘러간다면 요점을 잘 이해한 것이다. 원한다면 역할을 바꾸어 다시 시도해 보라.

6. 소리가 나지 않는 화면

침묵할 수 있는 좋은 기회를 놓치지 마라.

- 윌 로저스

굳이 소리를 내지 않고도 당신이 잘 듣고 이해하고 있다는 것을 전달할 방법이 있다. 두 사람이 대화하는 영상을 무음 모드로 시청하고 있다고 상상해 보자. 누구의 입술이 움직이는지 보지 않고도 듣는 쪽이 누구이고 상대방의 말을 얼마나 잘 따라가고 있는지 알 수 있는가? 어떻게 알 수 있는가? 다시말해, 잘 경청하는 사람은 어떤 모습인가? 그 답은 문화마다 조금씩 다를 수 있다. 예를 들어, 대화할 때 청자가 얼마나 가까이 혹은 떨어져 있는지, 얼마나 선뜻 화자를 만지는지는 문화마다 눈에 띄게 차이가 있다. 따라서 미국이나 서구와 매우 다른 문화

권에 살고 있는 독자라면, 내가 경청의 신호를 설명할 때 이런 차이점을 염두에 두기 바란다.

여기서 핵심은 당신이 온 신경을 집중해서 주의를 기울이고 있음을 보여 주는 것이다. 당신이 잘 듣고 있다는 상당히 일관된 신호 중 하나는 눈과 관련이 있다. 집중하고 있을 때 청자는 일반적으로 꾸준히 눈을 마주치는 반면, 화자는 대체로 청자의 눈을 바라보다가 시선을 돌리기를 반복한다. 이 경우에도 청자가 상대를 쳐다보지 않고 아래를 내려다보는 것이 예의에 맞는 문화와 상황이 있다. 당신은 자신이 속한 문화에서 잘 듣고 있다는 신호를 보내는 방법을 스스로 경험을 통해 알게 되겠지만, 청자의 경우에는 일반적으로 시선을 마주치는 것이 적절하다. 화자는 별문제 없이 다른 데를 보거나 눈 맞춤을 피할 수 있다. 직접 얼굴을 마주보고 대면해 있는 경우가 아니라면 말이다.

소리를 내지 않고도 당신이 경청하고 있음을 알릴 수 있는 또 다른 방법은 무엇일까? 별다른 표정 변화 없이 '속마음을 알 수 없는 무표정'을 유지하는 것이 나은가? 무표정이 적절한 상황도 있지만 (포커를 칠 때처럼), 대개 대화에 몰두한 청자는 화자가 말하는 내용을 일부 반영하는 다양한 표정을 보일 것이다. 화자가 슬픈 이야기를 하고 있는데 미소를 짓는 것이 이상하듯, 어울리지 않는 표정은 집중하고 있지 않다는 뜻이다. 고개를 때때로 끄덕이는 것은(계속 까딱거리는 것이 아니라) 이해하고 있다는 의미일 것이다. 몸을 앞으로 혹은 뒤로 돌리는 자세, 몸을 숙이거나 젖히는 자세는 흥미와 관심을 전달한다.

잘 듣고 있다는 신호는 우리가 하지 **않는** 행동으로도 전달된다. 공감하는 청자는 말을 끊거나, 더 흥미로운 사람을 찾으려고 두리번거리거나, 시계를 확인하거나, 전자 기기를 만지작거리지 않는다. 소리가 나지 않는 화면에서 청자가 이야기에 흥미를 보이는지 아니면 딴짓을 하고 싶어 하는지를 어떻게 구별할 수 있는지 생각해 보라.

그리고 "아하, 흠, 음, 아! 헉! 후유!"처럼 글자로 표현할 수는 있지만 단어라고 할 수는 없는 소리가 있다. 스칸디나비아와 캐나다 해안 지역 사람들은 다른 지역 사람들이 "음"을 사용하는 방식과 유사하게 경청이나 동의를 표하기 위해 숨을 들이마시며 "야"와 비슷한 소리를 낸다(질문에는 이런 식으로 대답하지 않겠지만). 이런 작은 음성은 "듣고 있어요", "동의해요", "더 말해 줘요"라는 뜻이다.

연습해 봅시다!

듣기의 역동에 대한 인식을 높이는 방법으로 다음을 연습할 수 있다. 대화 상대와 함께 연습하되, 둘 중 한 사람이 화자가 되어 한 가지 주제에 대해 약 3분 동안 독백 형식으로 이야기할 준비를 한다. 가능한 주제는 다음과 같다.

- 어린 시절 우리 가정의 모습
- 내가 좋아하는(혹은 꿈꾸는) 휴가
- 다른 사람은 이해하기 힘들 수도 있는 나의 경험

청자의 역할은 말이나 앞에서 설명한 것과 같은 발성을 사용하지 않고도 당신이 듣고 있고, 관심이 있고, 이해하고 있음을 표현하는 것이다. 소리를 내지 않고도 잘 듣고 있다는 것을 어떻게 드러낼 수 있을까? 화자가 말하는 내용을 당신이 정확하게 이해하고 있다는 것을 비언어적으로 어떻게 보여 줄 수 있을까? 원한다면 역할을 바꾸어 다시 시도해 보라. 이 연습에서 화자와 청자가 된 경험을 나누어 보라.

7. 질문하기

가장 중요한 것은 질문을 멈추지 않는 것이다.
호기심은 그 자체로 존재 이유가 있다.
　－알베르트 아인슈타인, 『젊은이들에게 주는 늙은이의
충고』

지난 장에서 말을 사용하지 않고도 경청하는 법을 배웠으니, 이제 화면과 어울리는 소리를 켤 시간이다. 흔히 청자가 가장 먼저 하는 일은 질문을 던지는 것이다. 결국 상담사가 하는 일이 그것이다. 기자들은 답변을 듣기 원하는 질문 목록을 가지고 있다.

정확한 공감의 세계에서는 질문을 할 여지가 분명히 있지만 중요한 한계도 존재한다. 한 가지는, 5장에서 설명했듯이, 질문하는 것과 듣는 것은 다르다는 것이다. 사실, 질문은 그저 수용하며 듣는다기보다 특별히 흥미로운 주제로 상대방의 관심을 돌리는 것이기에 방해물이 될 수 있다. 대부분의 사람들은 잘 듣는 자가 되려고 질문을 너무 많이 하는데, 질문에 지나치게 의존하는 습관을 끊는 것이 정확한 공감 능력을 키우는 한 방법이라 할 수 있다. 너무 많은 질문은 추궁처럼 느껴질 수 있다. 간단한 지침이 있다면, 연달아 세 가지 질문을 하지 않는 것이다.

하지만 질문의 역할도 분명히 있다. 적절한 질문은 대화를 유도하고 대화의 문을 열어 주어, 경청하며 따라갈 수 있게 해 준다. 어떤 질문은 당신이 이해하지 못한 부분을 명확히 하는 데 도움이 될 수 있다.

열린 질문과 닫힌 질문 사이에는 차이가 있다. 닫힌 질문은 특정 정보를 요구하며 짤막한 대답을 유도하므로 답변하는 사람의 선택권을 제한한다. 닫힌 질문의 간단한 예를 몇 가지 들면 다음과 같다.

- 주소가 어떻게 되죠? (자료 수집)
- 담배를 피우시나요? (예 혹은 아니오)
- 커피와 차 중에 무엇을 선호하시죠? (객관식)
- [몸무게나 씀씀이를] 줄여야 한다고 생각하지

않아요? (수사적 질문으로, 원하는 답변이 암시되어
있다)

닫힌 질문은 훨씬 통제적이며, 이런 일련의 질
문은 화자를 수동적 역할에 머물게 한다. 때로는
"내가 충분히 질문하고 난 다음에 정답을 알려 주겠
다"라는 무언의 암시이기도 하다.

반면에, 열린 질문은 다양한 대답이 나올 수 있
도록 문을 열어 준다. 몇 가지 예를 보자.

- 이번 주는 어땠나요?
- 하루 일과가 보통 어떻게 되나요?
- 어린 시절의 가족들에 대해 이야기해 주세요.
- 무엇이 걱정되나요?

열린 질문조차도 여전히 대화 주제를 어느 정
도 제한하고 있음을 알 수 있지만, 적어도 대화의 출
발점은 된다. 이런 열린 질문을 하고 난 뒤에는 더
많은 질문을 덧붙이기보다 그저 들으려고 노력해
보라. 당신이 주도하지 않고도 대화가 어떻게 진행
되는지 지켜보라.

흔히 듣는 사람은 달리 어떻게 해야 좋을지 몰

라서 너무 많은 질문을 한다. 5장에서 언급한 모든 '방해물'이 경청이 아니라면, 무엇이 남는가? 그것이 다음 장의 주제다.

연습해 봅시다!

다음 장으로 넘어가기에 앞서, 닫힌 질문을 하는 연습을 해 보자. 다음 장에서 이 연습을 토대로 삼을 수 있다. 둘이서도 할 수 있지만 서너 명이 같이 하면 더 좋다. 돌아가면서 화자가 되어 이렇게 말한다. "당신이 나에 대해 알아야 할 것은, 내가 _____ 라는 것입니다." 빈칸에 당신을 설명하면서 해석의 여지가 있는 형용사를 하나 넣는다. 몇 가지 가능한 예는 다음과 같다. 나는 끈기 있다, 배려심이 많다, 고집이 세다, 믿음직하다, 창의적이다, 호기심이 많다, 동정심이 많다, 모험심이 강하다.

청자는 화자의 말뜻을 추측하여 맞추되 스무고개와 같은 특정 형식으로 해야 한다. 이 단어가 이 사람에 대해 무엇을 말하는지 자문해 본다. 그 후에 다음과 같이 정확한 단어를 사용해서 "당신이 _____라는 뜻인가요?"처럼 '예' 또는 '아니오'로 답할 수 있는 닫힌 질문만 던진다. 그러면 화자는 '예'

혹은 '아니오'로만 대답하고 더 자세한 설명을 해서
는 안 된다. 연습은 다음과 같이 진행할 수 있다.

> 화자: 당신이 나에 대해 알아야 할 것은, 내가
> 전통적이지 않은 사람이라는 것입니다.
>
> 청자 1: 당신 집안에는 전통이 없다는 뜻인가요?
>
> 화자: 아니오.
>
> 청자 2: 예측할 수 없는 경향이 있다는 뜻인가요?
>
> 화자: (잠시 멈췄다가) 아니오.
>
> 청자 3: 자신만의 길을 가고 싶다는 뜻인가요?
>
> 화자: 예.
>
> 청자 2: 사람들이 당신한테 이래라저래라 하는 게
> 싫다는 뜻인가요?
>
> 화자: 예.
>
> 청자 1: 아무도 당신에게 의존하지 않는 독립적인
> 사람이 되고 싶다는 뜻입니까?
>
> 화자: 아니오.

이런 식으로 말이다. 화자의 뜻을 충분히 이해
했다고 생각될 때까지 혹은 더 이상 모르겠다 싶을
때까지 닫힌 질문을 계속해서 한다. 그런 다음 화자
에게 그가 정말로 의도한 것과 의도하지 않은 것을

설명할 시간을 준다. 그 후에는 다른 사람이 화자가 된다. 두 명 이상의 청자가 번갈아 가며 질문을 하면 조금 더 편하게 할 수 있다.

이 연습을 통해 종종 몇 가지 통찰을 얻을 수 있다. 첫째, 그럴싸한 추측이 틀리는 경우가 많다. 명백한 의미처럼 보였는데 화자가 뜻한 바가 전혀 아닐 수도 있다. 청자가 닫힌 질문만 해야 하는 것이 불만스러울 수 있지만, 그것이 바로 스무고개 놀이의 묘미다. 화자도 '예' 또는 '아니오'로만 대답하는 것에 불만을 느끼고 자신을 이해시키기 위해 더 많은 것을 말하고 싶어 한다. 화자는 종종 특히 억양을 사용해서 '예' 또는 '아니오'라고 말하는 **방식**으로 더 많은 것을 전달하려 애쓰게 마련이다. 다행히도 8장에서는 이런 제한에서 벗어날 수 있다.

8. 반영하기

경청이란 단지 입을 다무는 것이 아니라(그조차도
우리 능력 밖의 일이지만), 들리는 말에 적극적이고
인간적인 관심을 갖는 것이다. 당신은 막다른
벽처럼 들을 수도 있고, 모든 소리가 더 풍성하고
풍부한 반향을 일으키는 멋진 강당처럼 들을 수도
있다.
- 앨리스 두어 밀러

이제 우리는 반영적 경청의 진술을 형성하는
근본 기술을 통해 문제의 핵심에 접근하고자 한다.
그러니 이번 장이 이 책의 중간쯤에 자리 잡은 것은
적절하다. 공감적 이해는 훨씬 더 많은 것이 포괄하
거니와 그 가운데 반영적 경청은 당신을 올바른 방
향으로 이끌어 줄 탄탄한 길이다. 이것은 시간을 두

고 계속해서 갈고 닦을 수 있는 기술이며 당신이 좀 더 공감하는 사람이 되는 데 도움이 된다. 반영적 경청은 **존재**를 향해 나아가는 행동의 길이다.

반영적 경청

반영적 경청(reflective listening)[9]에는 이미 논의한 기술, 곧 방해물 제거(5장)와 온전한 집중(6장)이 요구된다. 이 요구만으로도 충분히 도전적인 일일 수 있다. 칼 로저스는 이렇게 말했다. "다른 사람에게 주의를 기울이는 행위는 대부분의 사람들에게 아무래도 어려운 일이다. 사람들은 대개 화자가 말을 멈추면 무슨 말을 할지 생각하고 있다. 혹은 화자가 언급한 몇몇 특정 부분에 집중하고 그 특정한 부분을 반박할 주장을 생각하느라 나머지 부분에 집중하지 못한다."[10]

그렇다면 반영적 경청이란 정확히 무엇인가? 7장에 나오는 "……라는 뜻인가요?"라는 질문처럼 반영은 화자가 의미하는 바를 추측한다. 그러나 훌륭한 반영은 질문이 아닌 **진술**로 표현된다. 이를 위해서는 언어 표현에서 최소한 두 가지 구체적인 변화가 필요하다. 첫째로, "Do you……", "Are you……", "Is it ……"처럼 문장 맨 앞에 위치하여 그 것이 질문임을 드러내는 단어를 모두 제거한다. 그 렇게 하여 "그 말은 당신이 재능이 있다는 뜻인가 요?"라는 질문에서 "……라는 뜻인가요?"라는 표현 을 빼고 "당신은 재능이 있어요?"라는 부분만 남긴 다. 그래도 여전히 질문이다. 둘째로, 문장 끝에 있 는 물음표를 없애는 것이다. 영어와 대부분의 유럽 어에서 그 차이점은 말할 때 문장 끝에서 목소리를 **올리지 않고 낮춘다**는 것이다. 한번 시도해 보라. 다 음 각 문장을 말해 보고 그 차이점에 주목하라.

당신은 재능이 있군요? / 당신은 재능이 있군요.
당신은 불행하군요? / 당신은 불행하군요.

차이점은 목소리를 어떻게 사용하느냐와 관련 이 있다.

따라서 질문을 반영으로 바꾸려면, (1)질문을 나타내는 단어를 제거하고 (2)문장 끝에서 목소리 까지 낮추면 질문이 아닌 진술이 된다. 반영적 진술 을 떠올리기가 힘들다면 먼저 질문부터 생각해 보 라(……라는 뜻인가요?). 그런 다음 이 두 가지 변화를 주면 된다. 질문의 표현 없는 '당신'으로 시작하고,

문장 끝에서 목소리를 내리는 것이다. 탁월한 반영적 듣기는 이보다 훨씬 복잡하지만, 이것만으로도 무난한 출발이다.

질문이 아니라 진술을 하는 것이 처음에는 이상하게 느껴진다. 어쨌거나 당신이 하는 말은 결국 추측이니 진술보다 질문을 해야 하지 않는가? 진술은 상대가 말하지 않은 내용을 지레짐작하는 것 아닌가? 만약 그 추측이 틀렸다면 어떻게 하나? 당신은 속으로는 말끝을 올려 질문으로 만들고 싶어 한다. 하지만 장담하건대, 반영을 할 때는 진술의 형식을 사용하는 편이 대체로 더 낫다. 처음엔 그렇게 하는 게 어색하게 느껴지겠지만 말이다.

그 이유 중 하나는 이렇다. 언어학적으로 질문은 상대방에게 대답을 요구한다. 미묘한 압박이자 미세한 심문이다. 진술에는 보통 그런 효과가 없다. 예를 들어, 누군가 어머니와 나눈 대화에 대해 이야기하며 약간의 불만을 표현했다고 가정해 보자. 청자의 입장에서 다음 두 문장을 소리 내어 말해 보라.

어머니에게 화가 났군요?
어머니에게 화가 났군요.

모든 것은 음성의 높낮이에 달려 있으며, 이 두 문장을 매우 다양한 방식으로 읽을 수 있다. 하지만 당신이 질문하는지 혹은 진술하는지에 따라 화자가 응답하는 방식에 미묘한 차이가 있다는 것을 느낄 수 있는가? 질문에는 종종 화자가 했던 말을 철회하고 싶게 만들거나 적어도 그 말을 했어야 했는지 다시 생각하게 만드는 무언가가 있다.

이제 당신이 여러 면에서 행실이 좋지 않은 청소년과 이야기하고 있다고 상상해 보자. 청자의 입장에서 다음 두 문장을 소리 내어 말해 보라.

너는 네 행동에 문제가 있다고 보지 않니?
너는 네 행동에 문제가 있다고 보지 않는구나.

차이가 느껴지는가? 왠지 모르게 질문은 당신이 의도하지 않았더라도 뭔가 잘못되었음을 상대방이 **깨달아야** 한다고 암시한다. 진술에는 그런 암시가 없으므로 상대방이 좀 더 솔직하고 덜 방어적으로 반응하도록 유도한다. 진술은 보통 좀 더 수용적으로 들리지만, 질문은 같은 단어를 사용하더라도 판단하는 느낌을 줄 수 있다.

반영적 경청의 **진술**을 하면 어떤 일이 일어날

까? 일반적으로 화자는 방해물을 피할 필요가 없으니 계속해서 같은 길로 나아갈 수 있다. 반영적 경청은 사람들이 방해받지 않고 각자의 경험을 표현하고 탐색할 수 있게 해 준다. 이런 식으로 공감적 이해의 기술은 타인을 위해 자신을 희생하는 면이 있다. 적어도 당장은 당신 자신의 이야기, 곧 5장에서 방해물로 언급한 의견, 판단, 제안을 보류할 테니 말이다. 당신은 화자의 내면 경험을 듣고 이해하는 데 오롯이 집중한다. 앞에서 말했듯이, 그렇게 하는 것은 다른 사람의 내면세계를 방문하는 특권을 누리는 청자인 당신에게도 유익한 점이 있다. 다른 사람의 집을 방문하면서 가구를 재배치할 필요는 없으니 말이다. 그냥 앉아서 듣기만 하면 된다.

하지만 당신의 추측이 틀렸다면 어떻게 될까? 반영적 경청은 설령 실패하더라도 불이익이 전혀 없는 기술이다. 화자는 그저 자기가 **진짜로** 의미하는 바를 당신에게 말할 뿐이다. 따라서 당신이 반영적 진술을 제시할 때마다 즉각적인 피드백을 받기 때문에, 시간이 지날수록 당신의 추측 실력은 더욱 향상될 것이다.

다음은 청자가 반영적 경청에 전적으로 의존하여 이야기를 이어 갈 경우 대화가 어떻게 흘러가는지를 보여 주는 예시다. 출발점은 7장에 나온 연습 예시와 동일하다.

> 화자: 당신이 나에 대해 알아야 할 것은 내가 전통적이지 않은 사람이라는 것입니다.
>
> 청자: 당신 집안에는 전통이 없군요. (부정확한 추측)
>
> 화자: 글쎄요, 사실 그렇기는 합니다만, 제 말뜻은 그게 아닙니다. 저는 그저 사람들의 기대를 따르고 싶지 않을 뿐입니다.
>
> 청자: 그건 기대치, 그러니까 다른 사람들이 당신에게 바라는 것과 관련이 있군요.
>
> 화자: 맞아요! 제 말은 내가 왜 다른 사람이 원하는 사람이 되어야 하느냐는 것입니다.
>
> 청자: 다른 사람을 기쁘게 하려고 애쓰는 건 당신한테 말도 안 되는 얘기지요.
>
> 화자: 네, 난 그저 내 모습 그대로이고 싶어요. 그런데 때로는 다른 사람들이 내게 기대를 거는 게 합당하기도 합니다.
>
> 청자: 당신이 받아들일 수 있는 기대라면요.
>
> 화자: 맞아요. 서로에 대한 기대 없이 헌신적인 관계를 맺지는 않죠. 그게 맞죠.

직장에서도 마찬가지예요.

청자: 당신이 누군가를 사랑하거나 누군가를
위해 일할 때, 그 사람들이 당신에게 어느
정도 기대를 갖는 건 당연해요.

화자: 그래요. 나는 차라리 나 자신을 위해
일하고 싶지만, 그게 현실이죠.

청자: 그러니까 이건 독자적인 사람으로 사는
것과 나에 대해 합리적 기대를 가진 다른
사람들과 함께하는 것 사이에서 균형을
잡는 것 같은 거네요.

화자: 균형이죠, 맞아요. 다른 사람들에게 책임을
지는 것을 좋아하진 않지만, 그 누구도
외딴 섬은 아니라고 하잖아요.

청자가 질문에 의존하는 대신 시간을 내어 훌
륭한 반영적 진술을 제시할 때 대화가 얼마나 더 멀
리, 더 빨리, 더 깊이 나아갈 수 있는지 모른다! 화자
와 청자의 뜻이 일치하므로 대화는 물 흐르듯 부드
럽게 흘러간다. 이 대화에서 화자도 자신의 의미와
경험을 성찰하고 더 잘 이해하고 있는 것 같다.

이 대화의 다른 면에 주목해 보자. 청자가 제시
하는 반영적 진술은 화자의 말을 끊거나 곁길로 빠

뜨리지 않는다. 청자도 화자가 말한 내용을 앵무새처럼 따라 하지 않는다. 반영은 대화가 너무 멀리 비약하지 않게 하고 앞으로 나아가게 한다. 나는 이런 형태의 반영을 '단락 이어가기'라고 부른다. 청자는 화자가 한 말을 반복하는 대신 그 단락에서 **다음** 문장이 될 수 있는 내용을 제시한다. 앞의 대화 연습에서 청자가 맨 처음 실수한 문장을 제외하면, 나머지 부분은 대명사 몇 개만 바꾸면 화자가 말한 한 단락으로 다시 쓸 수 있다. 이는 대화의 강이 더욱 매끄럽고 빠르게 흐르도록 해 주는 솜씨 좋은 형태의 반영적 경청이다.

연습해 봅시다!

반영적 경청의 기술을 연습하기 위해 다음 단계를 시도해 보자. 형식과 참여자는 7장의 연습과 동일하지만, 이번에는 중요한 차이점이 있다. 이전과 마찬가지로 화자는 "당신이 나에 대해 알아야 할 것은, 내가 _____ 라는 것입니다"라고 말하면서 해석의 여지가 있는 형용사를 넣어 문장을 끝맺는다. 하지만 이번에는 청자가 질문 대신 반영을 제시한다. 청자 입장에서 말문이 막힌다면 "······라는 뜻인가요?"라는 질문을 먼저 생각한 다음, 질문을 나타내는 단어를 제거하고 '당신은'으로 시작하는 진술문으로 만들고 문장 끝에서 목소리를 아래로 내린다. 시간을 내고 인내심을 가지라. 이런 식의 반영에 익숙해지려면 시간이 걸린다.

이제 화자는 자연스럽게 느껴지는 대로 자유로이 응답할 수 있다. 당신이 화자라면 단순히 '예' 또는 '아니오'로 답하지 말고 당신이 의미하는 바를 좀 더 자세히 말하라. 청자가 질문을 하면(말끝을 올려서) 대답하지 않는다. 반영적 경청의 진술이 나올 때까지 기다렸다가 대답하라.

이제 청자는 화자의 원래 진술뿐만 아니라 각각의 반영 후에 들어오는 새로운 정보까지도 기억하고 반영해야 하므로 더욱 도전적인 상황에 처한다. 알겠는가? 이 장의 앞부분에서 본 예시는 이러한 대화가 어떻게 흘러갈 수 있는지 보여 주지만, 당신의 대화가 실제로 어느 방향으로 흘러갈지는 아무도 모른다. 화자가 의미하는 바를 이해했다고 확신이 들 때까지 반영을 제시하라. 그런 다음 역할을 바꾼다.

이 연습을 시도할 때 흔히 다음과 같은 경험을 하게 된다. 무엇보다, 반영은 어렵다! 질문하는 것이 훨씬 쉽게 느껴진다. 청자 또한 반영을 제시하는 대신 자신이 했을지도 모를 온갖 말을 떠올린다(그 대부분이 방해물이다). 화자는 종종 이 연습을 즐기는데, 누군가 자신의 말을 제대로 이해하기 위해 오롯이 집중하는 대화를 나눈 게 지난 한 달 사이에 몇 번이나 있었겠는가? 때로는 화자도 대화가 흘러가는 방향에 놀라기도 하고 처음에는 자신조차 인식하지 못했던 의미를 발견하기도 한다.

9. 더 깊이 몰두하기

진실을 말하기 위해서는 말하는 사람과 듣는
사람, 두 사람이 필요하다.
– 헨리 데이비드 소로

이런 오래된 농담이 있다. 뉴욕에서 길을 잃은
외지인이 뉴욕 시민에게 다가가 묻는다. "카네기홀
에 가려면 어떻게 해야 합니까?" 그 대답은 이렇다.
"연습밖에 없죠." 〔예술가들이 카네기홀에서 공연
하는 것을 최고의 영예로 여긴 데서 유래한 농담이
다.〕
정확한 공감도 마찬가지다. 경청하는 사고방식
을 개발하고 반영적 경청의 기술을 연습할수록 더
자연스럽게 공감할 수 있다. 연습과 학습의 진정한
유익은 당신이 반영적 공감을 할 때마다 그 정확성

에 대해 즉각적인 피드백을 받는다는 것이다. 기본적인 대답이 '예' 혹은 '아니오'이니, 어떤 쪽이든 상대방이 실제로 의미하는 바가 무엇인지 더욱 잘 알 수 있다. 시간이 흐름에 따라 당신은 추측하는 데 더 숙달되고 의미를 반영하는 데 더 능숙해진다. 때로 내가 반영적 공감을 진술하면 상대방은 "그걸 어떻게 아셨나요?"라고 묻는다. 내 대답은 이렇다. "연습 밖에 없죠."

8장에서 소개했듯이, 능숙한 반영적 경청은 들은 내용을 단순히 반복하는 게 아니다. 상대가 한 말을 그저 반복하는 것은(단순 반영이라고 한다) 자연스럽게 들리지 않고 대체로 별 효과가 없다.

> 화자: 오늘 너무 힘든 하루였어.
> 청자: 힘든 하루를 보냈구나.
> 화자: 제대로 되는 일이 하나도 없었다니까.
> 청자: 힘들었겠다.
> 화자: 응.
> 청자: 일이 잘 안 풀렸구나.
> 화자: 맞아.

이 대화는 일상적인 대화의 흐름과 많이 다르

고 청자는 화자의 하루에 대해 별로 알아낸 게 없다. 이 대화의 문제점은 청자가 화자가 하는 말에 **지나치게** 가까이 있다는 것이다.

좀 더 능숙한 반영은 약간의 위험을 감수하는데, 화자가 의미할 수 있지만 아직 말하지 않은 내용을 추측하여 제공한다. 이는 **그다음** 문장이 무엇일지 추측하는 단락 이어가기와 정말 비슷하다. 화자가 "오늘 너무 힘든 하루였어"라고 말할 때 그 말이 **의미하는** 바는 무엇일까? 이 말은 다음과 같은 의미일 수 있다.

- 어떤 사람이랑 갈등이 있었어.
- 불쾌한 경험을 했어.
- 열심히 일했어.
- 정말 피곤해.
- 슬프다(혹은 낙담했어. 화가 나).

반영적 경청은 당신이 지금까지 보고 듣고 아는 것을 기반으로 추측하는 것이다(복합 반영이라고 한다). 처음 추측한 것이 맞든 틀리든 상관없다. 어느 경우든, 분명 더 많은 것을 알게 될 것이다.

화자: 오늘 너무 힘든 하루였어.

청자: 너 정말 피곤해 보인다.

화자: 피곤해. 오늘은 제대로 되는 일이 하나도
없었어.

청자: 한 가지 일만 있었던 게 아닌가 보네.

화자: 흠, 대개는 직장 상사와의 문제지. 또
나를 비난하기 시작했고, 나는 그가
불공평하다고 말했고, 거기서부터 파국이
시작되었어.

청자: 실직할까 봐 걱정되는구나.

화자: 별로. 그 사람이 나를 해고하거나 그러지는
않겠지만, 늘 내 잘못을 찾아내려고 하는
것에 지쳤어.

청자: 그 사람이 널 괴롭히는 것 같네.

화자: 모르겠어. 요즘엔 모든 사람을 힘들게 해.

청자: 그리고 너한테는 그게 옳지 않아 보이는
거고.

화자: 회사 가는 게 더 이상 기다려지지 않아.

청자: 너 예전에는 즐겁게 일했는데 이젠 좀
시큰둥하구나.

화자: 사실 나는 내가 하는 일이 여전히 즐겁고
일도 잘한다고 생각해. 그냥 내가 인정받지

못하고 있는 것 같아.

이 예시에서 청자가 보이는 모든 반응은 반영
적 경청의 진술이다. 각 진술은 화자가 의미하는 바
를 추측하고 있다. 대화가 어떻게 계속 흘러가는지
에 주목하라. 다시 말하지만, 추측이 틀렸을 때조차
거의 단일한 단락처럼 느껴진다.

훌륭한 반영은 이야기를 계속 진행시킨다. 당
신은 들은 말을 단순히 재탕하기보다는 이야기를
진전시키고 싶다. 이야기가 훌륭한 대화처럼 흘러
가는 데는 일정 부분 그런 이유가 있는데, 당신은 화
자가 한 말을 반복하거나 방해물을 놓는 대신 화자
가 이야기를 계속할 수 있도록 돕고 있기 때문이다.
앞의 예시에는 청자의 추측이 제대로 들어맞지 않
는 반영이 몇 군데 있지만, 대화는 금세 재편되고 어
쨌든 이야기는 진행된다.

반영적 경청이 편안하고 자연스럽게 느껴지려
면 연습이 필요하다. 그럼에도 당신이 계속해서 배
워야 하는 데는 그만한 이유가 있다. 반영적 경청은
존중의 마음을 전달하고, 오해를 방지하며, 관계를
돈독하게 만들 수 있다. 3장에서 살펴본 네 개의 상
자 도표를 기억하는가? 청자는 자신의 해석(상자 D)

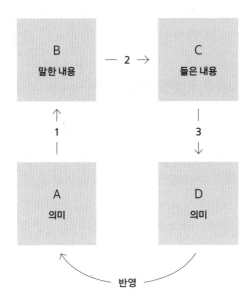

이 옳다고 가정하는 대신 그것을 화자의 의미(상자 A)와 견주어 본다. 이처럼 반영적 경청은 의사소통에서 오해의 여지를 줄여 주고, 따라서 청자는 점점 더 정확한 이해를 갖게 될 뿐더러 화자의 내면적 의미와 경험을 더 잘 파악하게 된다.

정확한 공감은 다른 사람들의 인생 경험에 참여함으로써 당신 자신의 관점을 넓혀 주기도 한다. 이는 가족 관계, 친구 관계에서 더욱 깊은 이해와 신뢰를 쌓는 토대가 된다. 이러한 깊은 경청은 참으로 선물이며 많은 사람들이 갈망하는 바다.

정확한 공감과 반영적 경청

이쯤 해서 반영적 경청과 정확한 공감의 차이점을 분명히 하는 게 좋겠다. 이 책에서 설명하는 반영적 경청은 다른 사람이 의미하는 바를 보다 잘 이해하기 위해 배울 수 있는 기술이며 구체적인 실천의 방법이다. 즉 우리가 하는 **행동**이다. 공감적 이해 또는 정확한 공감은 시간이 흐름에 따라 드러나는 **존재** 방식이며 4장에서 설명한 기본적인 태도가 여기에 포함된다. 시간을 내어 깊이 경청하고 사람들이 당신과 나누고 싶어 하는 의미와 감정의 층을 이해함으로써 당신은 그들과의 정확한 공감을 키우게 된다. 피상적인 관계를 넘어 이해와 친밀감에 이르기까지 민감하게 움직인다. 공감적 이해는 마음 문을 여는 사람들과 함께하는 수용적이고 연민 어린 방식이다.[11] 반영적 경청은 공감적 이해를 촉진하는 구체적인 실천이다.

반영과 질문은 서로 뒤섞일 수 있고 많은 경우에 그렇다. 질문하는 것이 공감하며 듣는 것보다 훨씬 쉽게 느껴진다. 그래서 많은 질문을 멈추고 반영에 치중하기란 쉽지 않다. 진술 끝에 목소리를 높이는 것만으로 진술이 질문으로 바뀐다는 점을 기억하라. 열린 질문을 던지는 연습을 하고(7장), 상대방의 답변을 듣는 동안 최소한 두 가지 이상의 반영을 제시해 보라.

미세 조정: 알맞은 말 고르기

축소와 과장

반영적 경청의 진술을 제시할 때마다 알맞은 단어를 선택하게 된다. 어떤 단어는 화자가 말하는 내용의 **강도**를 반영하는데, 과장하거나 축소할 수 있다. 어떤 단어는 낮은 강도를 암시한다.

- 그건 너한테 **조금** 불공평한 것 같아.
- 그 일로 **다소** 속이 상했구나.
- 그가 네게 진실을 말하고 있는지 **약간** 의심하는구나.
- 무슨 일이 일어날지 **살짝** 긴장하고 있구나.

반영에 사용할 수 있는 다른 표현으로는 강조

어가 있다.

- 넌 그걸 **무척** 확신하는구나.
- 최근 네 삶에 **많은** 혼란이 있었지.
- 너 **정말** 의심스러워.
- 효과적인 방법이 **전혀** 없어.

반영에서의 강도는 당신이 사용하는 특정한 명사나 동사, 형용사와도 관련이 있다. 분노를 나타내는 단어들을 생각해 보자. '거슬리다', '짜증스럽다'처럼 약한 느낌의 단어가 있고, '화나다', '발끈하다'처럼 중간 수준의 분노를 나타내는 단어가 있으며, '열불 나다', '성나다', '분노하다', '격분하다'처럼 무척 센 단어도 있다. 예측해 볼 수 있듯이, 어떤 단어를 선택하느냐는 매우 중요한 문제다. 당신이 어떤 감정을 과장하면, 화자는 그 감정에서 물러날 가능성이 크다.

화자: 상사가 얼마나 불공평하게 구는지 믿을
　　　수가 없네.
청자: 그래서 네가 **분노**했구나.
화자: 음, 아냐. 분노하지 않았어. 그 정도로 화가

난 건 아니야.

반면에 축소하면 상대방이 계속 표현을 이어 가도록 부추길 가능성이 높다.

> 화자: 직장 상사가 얼마나 불공평하게 구는지 믿을 수가 없네.
> 청자: 그래서 네가 **짜증이 좀 났구나.**
> 화자: 짜증이라고? 난 진짜 화가 났다고! 어제오늘의 일이 아니라니까.

따라서 일반 지침은 이렇다. 상대방이 계속해서 표현하기를 원한다면 축소해서 말하는 쪽을 택하라.

비유

당신이 이해했음을 표현하는 또 다른 예술적인 방법은 상대방의 경험을 그것과 **유사한** 무언가에 견주는 비유를 제시하는 것이다. 그러한 비유적 표현의 하나인 **직유**는 '……처럼', '마치' 같은 단어를 사용하여 당신이 연결하거나 견주고자 하는 대상을 보여 준다.

- 마치 사방에서 벽이 다가오는 듯한 기분이 들겠구나.
- 갑자기 불빛을 본 것처럼 말이야.

상대방이 직접 경험한 것을 비유로 들 때 특히 효과적일 수 있다. 농장에서 자란 사람은 "풍향계처럼 흩날린다"라는 말이 무슨 뜻인지 이해하겠지만, 풍향계를 본·적 없는 도시 사람에게는 이 비유가 통하지 않을 수 있다.

> 화자: 너무 혼란스러워. 부모님과 함께 있을 때는 내 고유한 성격을 유지하는 편인데, 친구들과 있을 땐 그 애들이 원하는 대로 따라가려는 경향이 있어. 사람들이 나를 좋아하고 인정해 주기를 바라지만 내가 어떤 사람인지 잘 모르겠어.
>
> 청자: 넌 마치 바람 부는 방향 따라 돌아가는 풍향계 같구나.

언젠가 나는 외로움과 공허함을 느낀다는 교향악단 연주자의 이야기를 듣고 있었다. "마치 텅 빈 공연장에 울리는 플루트 소리 같군요." 내가 이렇게

말하자, 그는 "맞아요, 정확히 그래요!"라고 대답하
며 눈물을 쏟았다.

어조

마지막으로, 무엇을 말하는가뿐만 아니라 어떻
게 말하는가도 중요하다. 발화할 때 어조는 같은 단
어에 매우 다른 의미를 부여할 수 있다. 8장에서 다
루었듯이, 억양은 진술과 질문의 차이를 만든다.

어머니에게 화가 났군요. (부드럽게)
어머니에게 화가 났군요? (믿지 못하겠다는 듯이)

어조에서도 강조되는 부분이 있다.

너는 그 사람이 두렵구나.
너는 그 사람이 두렵구나?
너는 그 사람이 두렵구나!

빈정거림, 회의, 의심 등은 어조에 쉽게 스며들
고, 사람들은 그런 함축된 의미를 듣는 데 무의식적
일지라도 상당히 민감한 편이다. 당신은 다음에 나
오는 같은 문장을 (1) 동정, (2) 불신, (3) 빈정거림

(4) 역겨움을 전달하는 각기 다른 방식으로 읽을 수 있는가? 시도해 보라!

"그러니 이건 네 잘못이 아니야. 넌 이 일과 아무 상관 없어."

강도, 비유, 목소리 톤 같은 미묘한 요인들이 있는데, 이 모든 것에 의식적으로 주의를 기울이다 보면 실제 경청하는 데 방해가 될 수 있다. 당신을 올바른 방향으로 나아가게 해 주는 것은 경청 배후에 있는 사고방식과 마음가짐이다(4장). 자신이 추측하고 있다는 것을 알 때 당신이 내놓는 반영적 경청의 진술은 여전히 주저하는 어조를 띠는데, 이는 당신의 해석이 옳다고 믿고 주장할 때의 어조와는 사뭇 다르다. 호기심, 연민, 인내심, 그리고 진정으로 이해하려는 열망을 갖고 경청한다면 옆길로 새어 나갈 일은 거의 없을 것이다.

연습해 봅시다!

그다음 단계는 반영을 믿고 거기에 의존해서 연습을 조금씩 해 보는 것이다. 이는 악기를 배울 때

음계를 연습하는 것과 약간 비슷하다. 꾸준히 연습하면 자연스럽게 기술을 구사할 수 있게 된다. 개인적으로 의미 있는 주제에 대해 5-10분 정도 당신에게 이야기할 의향이 있고 아울러 당신이 반영적 경청을 실천하는 동안 인내심을 갖고 기다려 줄 수 있는 상대와 함께 시도해 보라. 다음은 화자가 선택할 수 있는 몇 가지 주제다.

- 당신이 성장할 때 부모님은 어떠했고 부모님과의 관계는 어땠는지 설명해 보라.
- 지금 하는 일에 어떻게 흥미를 갖게 되었고 어떻게 그 일을 하게 되었는지 설명해 보라.
- 당신 인생에 중요한 영향을 끼친 가장 좋아하는 사람에 대해 이야기해 보라. 그는 어떤 사람이며, 그 사람에게서 어떤 긍정적인 영향을 받았는가?

당신이 화자라면 자주 말을 멈추고 청자에게 반영을 연습할 기회를 주라. 청자가 반영을 잘 해내기 위해서는 약간 시간이 걸리므로 무작정 이야기를 계속해서는 안 된다. 잠시 침묵하며 인내심을 갖고 청자에게 반영을 제시할 시간과 공간을 주라.

당신이 청자라면 질문하고 싶은 유혹이 크겠지
만 질문을 하기보단 반영적 경청 진술을 제시하려
고 해 보라. 간간이 열린 질문을 던지는 것은 괜찮지
만, 묻는 질문마다 적어도 두 가지 반영을 담아 보
라. 세 사람이 연습하고 있다면 한 사람은 질문과 반
영을 세는 참관인이 될 수 있다. 이야기가 완성되고
화자의 경험을 이해했다면, 서로 역할을 바꿔서 해
본다. 다음과 같이 시작해 볼 수 있다.

청자: 그럼 넌 어떤 이야기를 하고 싶니?
화자: 내게 정말 큰 영향을 끼쳤던 사람에 대해
　　　 이야기하려고 해. 조지라는 분이야.
청자: 그분이 너에게 중요한 사람이었구나.
　　　 (질문하고 싶은 유혹을 뿌리치고 반영)
화자: 지금도 소중하지. 그분은 나를 정말로
　　　 신뢰해 주셨던 선생님이야.
청자: 그분은 네 안에 있는 무언가를 알아보셨나
　　　 봐. (반영)
화자: 맞아! 선생님은 나를 존중해 주셨고 유머
　　　 감각도 뛰어나셨어.
청자: 선생님이 너를 존중해 주셨다는 걸 어떻게
　　　 알 수 있었니? (열린 질문)

화자: 선생님이 내게 말씀하시는 방식이 그랬던
      것 같아. 절대로 하대하지 않으셨고 내
      사고방식에 관심을 가지셨어.

청자: 친구 같은 분이셨구나. (반영)

화자: 물론 친구 같으셨지만 막역한 그런 사이는
      아니었어. 배울 점이 많은 분이셨고.

청자: 너도 그분을 존경했구나. (반영)

화자: 당연하지. 순전히 나와 이야기를
      나누려고 방과 후에 그렇게 많은 시간을
      할애하셨다니 믿을 수가 없어. 교무실에서
      나눈 대화를 통해 교실에서 배운
      것만큼이나 많을 걸 배웠다고 생각해.
      어쩌면 더 배웠을지도.

청자: 네가 괜찮은 대화 상대였나 보다. (반영)

화자: 나도 그렇게 느꼈어. 선생님은 안 그러셔도
      되는데 나한테 관심을 기울이셨거든.
      일부러 시간을 내주셨고, 수업 시간에 하신
      말씀을 내가 그냥 외워서 주절거리기를
      원하지 않으셨어. 내가 그 내용을 생각해
      보길 바라셨고, 내 생각에 관심을
      가지셨지.

청자: 그게 어떤 영향을 끼쳤니? (열린 질문이지만,

그 대신 반영의 형태로 추측할 수도 있었을

　　　것이다)

　화자: 내가 똑똑하다고 느끼도록 도와주셨던 것

　　　같아. 마치 내가 일방적으로 받기만 하는

　　　사람이 아니라 내게도 기여할 수 있는

　　　무언가가 있는 것처럼 대해 주셨어.

　이것은 시작에 불과하지만 열린 질문과 반영
이 대화가 흘러가도록 어떻게 돕는지 잘 보여 준다.
청자가 질문으로 반응한 경우에도 질문 대신 반영
을 할 수도 있었고 반대로 반영 대신 질문을 할 수
도 있었다. 질문하는 것이 확실히 쉽게 느껴지더라
도 질문보다 반영적 경청의 진술을 제시하는 연습
을 해 보라.

10. 긍정하기

좋은 것을 꼭 붙들라. 그게 비록 한 줌
흙일지라도.
- 푸에블로 인디언의 기도

이 장에서는 관계를 맺고 강화하는 데 도움이
되는 또 다른 방법을 설명한다. 바로 다른 사람에게
있는 좋은 점을 보고 긍정하는 습관이다.

좋은 점을 확인해 주려면 우선 **알아채야** 한다.
부정적인 것에는 묘한 매력이 있다. 내가 강의나 강
연을 끝내고 평가서를 백 장 받아 보면 대부분은 긍
정적이지만, 강의가 별로 도움이 되지 않았다고 생
각하며 결점과 개선점을 지적하는 사람들이 꼭 있
다. 수많은 긍정 평가는 재빨리 넘겨 버리고 부정적
비판을 곱씹고 싶은 유혹을 여전히 받는다. 코칭을

할 때도 개선이 필요한 학습자의 잘못에만 초점을
맞추고 학습자가 잘한 것들은 얼버무리고 싶은 비
슷한 유혹이 있다. 심지어 저녁 뉴스조차도 자연과
인간 본성의 어두운 면에만 집착하지 않는가.

이와 같은 부정적 편향을 해소하는 방법은 사
람들이 잘하고 있는 것을 의식적으로 착실하게 포
착하여 좋은 점을 알아보고 인정하는 습관을 기르
는 것이다. 긍정하기는 누군가의 장점이나 노력, 올
바른 방향성, 최선의 의도 등을 알아보고 언급하는
것이다. 거창할 필요는 없지만, 지어내거나 과장하
지 않은 언제나 진실한 것이어야 한다. 이를 적절하
게 실천하는 방법은 문화에 따라 무척 다양하지만,
많은 사람이 긍정에 인색하기 때문에 우리 대부분
은 긍정을 갈망한다. 다음과 같은 것도 긍정이 될 수
있다.

- 행운 빌기 (이번 주말 잘 보내길 바라!)
- 감사나 애정 (넌 좋은 친구야.)
- 고마움 (내 이야기 들어 줘서 고마워!)

좋은 점 긍정하기는 우리 주변의 긍정적인 것
들을 알아채고 기억하고 인정하는 배려의 습관이

다.

또한 긍정은 부정적이고 방어적인 태도를 줄이는 경향이 있다. 다른 사람을 만성적으로 비판하는 태도는 자기 자신에 대한 불안하고 고통스러운 의구심을 가리려는 의도일 때가 종종 있다. 다른 사람이 당신이 잘한 것을 알아채고 언급할 때면 방어적일 필요가 줄어든다. 장점, 노력, 선의, 공통점을 긍정하는 것은 갈등을 예방하거나 해결하는 데도 도움이 된다(15장을 보라).

연습해 봅시다!

다른 사람이 하는 일을 알아채고 인정할 수 있는 수많은 사소한 긍정의 기회가 매일같이 찾아온다. 긍정하기는 인간관계라는 은행에 소액을 입금하는 것과 같다. 좀 더 일반적으로 말하면, 긍정은 다른 사람의 행복에 대한 당신의 관심과 연민을 나타낸다. 하루를 정해서 그러지 않았으면 놓쳤을 타인이 가진 훌륭한 자질, 노력, 행동, 장점을 알아채고 긍정할 수 있는 기회를 의식적으로 갖도록 해 보자. 내일 바로 해 봐도 좋다. 항상 우리 주변에 있는 좋은 것에 진심 어린 감사를 느끼고 표현해 보자. 그

날 당신이 긍정한 내용을 개인적으로 기록해 두어도 좋다. 이것은 특별한 종류의 경청인데, 그렇게 긍정하지 않았으면 눈에 띄지 않았을 좋은 점을 의식하였으니 말이다.

좋은 것을 꼭 붙드는 또 다른 방법은 당신이 특별히 존경하는 사람이나 당신 인생에 긍정적인 변화를 가져다준 사람을 긍정하는 것이다. 이는 대화나 서면으로 할 수 있다. 당신이 오랫동안 만나지 못했던 과거의 누군가도 괜찮다. 당신이 감사하는 내용에 대한 구체적인 예시를 포함해 보라.

11. 자신을 표현하기

스스로를 표현하지 않는 사람은 그때마다 조금씩
죽고 있는 것이다.
- 로리 할스 앤더슨, 『스피크』

경청은 잘해도 일방적으로 흘러가기 쉽다. 고
급스러운 반영적 경청을 실천한다면 사람들은 당신
에게 선뜻 말을 꺼내겠지만 대신에 잘 듣지 않을 수
도 있다. 사실 경청 뒤에 숨어서 자신에 대해 많이
드러내지 않을 수 있다. 사람들도 그 상황을 만족스
럽게 받아들일 수 있다. 그러나 친밀한 관계에서는
양방향 의사소통이 반드시 일어나야 하는데, 대화
에 참여한 양쪽 모두가 서로 이해하고 이해받는 기
회가 있어야 한다. 이는 경청만이 아니라 자기 드러
내기, 곧 자신을 알리는 과정이 포함되어야 함을 의

미한다. 이 장에서는 자기를 표현하는 데 도움이 될 만한 간단한 아이디어 세 가지를 제시한다.

'나' 전달법

의사소통에서 기본이 되는 한 가지 방법이 '나 전달법'(I Messages)인데, 감정을 표현할 때 특히 유용하다. 이는 남을 탓하기보다 자기 반응에 책임을 지는 것이다. 예를 들어, 우리는 화가 나거나 기분이 상하면 곧바로 '너'라는 비방의 말을 시작하고픈 유혹에 빠진다.

- 너는 네 생각만 하잖아.
- 너 때문에 기분이 상했어.
- 너는 나 따위는 안중에도 없잖아.
- 너는 내 말은 듣지 않잖아!
- 너는 ＿＿＿. (부정적인 형용사로 빈칸을 채워 보라)

반면, 나 전달법은 보통 '나'라는 말로 시작한다.

- 나는 네가 이 일을 내 입장에서 이해해 줬으면

해.

- 나는 _____고 느껴. (상처받았다, 슬프다, 행복하다, 낙담했다, 외롭다 등의 단어로 빈칸을 채워 보라)
- 나는 네가 _____ 하는 게 좋아.

감정과 생각이 서로 연관되어 있기는 하지만, 둘은 중요한 차이가 있다. 다음 진술들은 실제로는 감정에 대한 것이 아니다.

- 내가 느끼기에 너는 둔감한 것 같아. (매우 얄팍하게 위장된 '너' 진술)
- 내가 느끼기에 이런 결정은 우리가 같이 내리는 것이 중요한 것 같아.

간단한 지침은 다음과 같다. '느낀다'라는 말 뒤에 '……인 것 같다'라는 말이 논리적으로 들어맞는다면 그것은 느낌이 아니라 생각이나 의견, 신념일 가능성이 더 크다(무언의 감정이 섞여 있다 하더라도). 때때로 사람들은 강한 신념을 암시하고자 '느낀다'라는 단어를 사용한다. "내가 느끼기에 우리 모임이 이쪽을 지지해야 할 것 같아"라는 말은 "나는 우리 모임이 이쪽을 반드시 지지해야 한다고 굳게 믿어. 당신도 그렇게 믿어야 해"라는 의미일 수 있다. 심지어는 "내 의견에 반대한다면 당신이 틀린 거야"라는 의미일 수 있다. '……인 것 같다'라는 말을 쓰지 않았더라도, 그 말이 '느낀다'라는 말 뒤에서 논리적으로 들어맞는다면 이것은 감정이 아니다. 다음 문장을 보자.

- "내가 느끼기에 이렇게 하는 게 맞(는 것 같)아."

말하지 않은 '……인 것 같다'라는 말은 그것이 생각이나 신념임을 암시한다. 반대로 "난 슬프다고 느껴"와 같은 감정 진술에서 '……인 것 같다'라는 말을 집어넣으면 이상하게 들린다.

- "나는 슬픈 (것 같다고) 느껴."

차이점이 들리는가? 생각과 감정 모두 나 전달법으로 잘 표현할 수 있으며 둘 다 중요하다. 둘을 혼동하지 않고, 생각이나 신념을 감정으로 위장하지 않는 것이 도움이 된다.

다음의 예 역시 나 전달법을 사용하여 변화를

요청하는 방법을 추가로 제안한 토머스 고든의 글이다. 이와 같은 나 전달문은 세 부분으로 나뉜다. (1) 당신의 감정, (2) 그런 감정을 느끼는 이유나 배경, (3) 구체적인 요청. 다음의 예를 보자.

- 내가 외롭다고 느낄 때는(1) 네가 내 말을 듣지 않는 것 같을 때야.(2) 뭐라고 반응하기 전에, 내 기분이 어떤지 분명히 이해해 주겠니?(3)
- 내가 걱정스럽다고 느끼는 건(1) 네가 계단에 이렇게 장난감을 내버려둘 때야. 누군가 발이 걸려 넘어지면 다칠 수 있으니까.(2) 네가 그걸 치우고 다시는 장난감을 계단 위에 두지 않았으면 좋겠구나.(3) 알겠니?
- 내가 답답하다고 느낄 때는(1) 그냥 내 말을 들어 주었으면 좋겠는데 네가 해결책을 내놓기 시작할 때야.(2) 때로는 네가 내 말을 잘 듣고 이해해 주기만 하면 좋겠어.(3)

부분적 책임감과 도움 제안

적절한 경우에는 부분적인 책임감을 전달하고 당신의 역할을 다하겠다고 제안하는 것 또한 인간

관계에 도움이 될 수 있다.

- 내가 초조함을 느낄 때는 출발할 시간이 다
  되었는데 너는 준비가 안 된 것처럼 보일
  때야. 내가 때로는 약속 장소에 일찍 도착해야
  한다는 염려 때문에 안절부절못하는 경향이
  있다는 걸 나도 알아.(부분적 책임감) 내가
  출발하고 싶다는 걸 네게 알릴 더 좋은 방법이
  있을까?(도움 제안)
- 나는 갈 시간이 다가오면 준비가 다 되었냐며
  네가 나를 귀찮게 하는 게 싫어. 내가 너만큼
  많이 시간에 신경 쓰지 않고 우리가 모임에
  가끔 늦는다는 건 나도 알아.(부분적 책임감)
  언제 출발하고 싶은지 한 시간 전쯤에 알려
  주면(구체적 변화 요청) 시간 맞춰 준비하도록
  노력할게.(도움 제안)

자기주장

대부분의 관계에는 필요의 균형을 맞춰 가는
과정이 있다. 개인이든 집단이든 국가이든 간에 관
계에 포함된 이들은 자신의 필요를 어떻게 주장할

지 결정한다. 한쪽 극단에는 "나의 필요가 당신의 필요보다 더 중요하다"라며 상대를 희생해서라도 자신의 욕구를 충족하려는 공격적인 접근법이 있다. 강요, 괴롭힘, 지배, 강제, 위협 등은 이 접근 방식과 관련된 단어다.

반대쪽 극단에는 자신의 필요와 요구를 희생하면서 상대방의 필요와 욕구를 따르는 좀 더 수동적인 접근 방식이 있다. 온순, 복종, 묵인, 굴종, 순종 등이 이 접근법과 어울리는 단어다. 물론 특정 상황에서 자발적으로 심지어 감탄할 정도로 자기희생을 선택할 수도 있지만, 시간이 지남에 따라 그것은 일방의 필요만 충족시키는 어긋난 관계가 된다.

이런 양극단 사이에는 다른 사람의 필요뿐 아니라 자신의 필요에 대한 존중과 관심을 전달하는 적절한 균형, 즉 자기주장(assertiveness)이라는 타협점이 있다.[12] 바로 타협과 협상의 기술이다. 단호한(assertive) 사람은 자신의 방식을 항상 고집하지는 않으며 자기 행복을 항상 희생하지도 않는다. 이들은 지배하지도 지배당하지도 않는다. 다음은 (1) 공격적인, (2) 수동적인, (3) 단호한 선택의 몇 가지 예다.

• 상황 1: 알렉스는 무료로 술을 제공하는
모임에 초대받았다. 그는 집에 가기 전에 술을
몇 잔 마시고 싶다. 아내는 모임에 참석하지
않을 예정이며 그가 음주 운전은 하지 않기를
바란다. 어떻게 해야 할까?

(1) 술을 몇 잔 마시고, 자신과 다른 사람에게
    끼칠 수 있는 음주 운전의 잠재적 위험을
    무시한 채 차를 몰고 집으로 간다.
(2) 공짜 술을 포기하고 맑은 정신으로 차를 몰고
    집으로 간다.
(3) 술을 딱 한 잔 마신 뒤 혈중 알코올농도가
    0에 가까워질 때까지 한 시간을 기다렸다가
    운전한다.

• 상황 2: 알렉스와 에이버리는 함께 파티에
가기로 했다. 다소 내성적인 에이버리는 사교
모임에서 금세 지쳐 버려 오래 있고 싶어 하지
않는다. 하지만 알렉스는 사람들과 어울리기를
좋아해서 파티가 끝날 때까지 있고 싶다.

(1) 에이버리는 집에 가고 싶지만, 자동차 키를

가진 알렉스는 더 있자고 고집을 부린다.

(2) 알렉스는 마지못해 일찍 나오는 데
동의하고는 집에 가는 내내 에이버리에게
투덜댄다.

(3) 차 두 대로 각자 파티장에 가거나 별도의
교통편을 마련한다.

자기주장 배후에 있는 기본적인 가정은 "당신의 필요와 욕구도 중요하고, 나의 필요와 욕구도 중요하다"이다. 나도 중요하고 당신도 중요하다. 이기고 지는 싸움보다는 단호한 접근 방식이 양쪽 모두의 이익을 존중하고 충족시킬 방법을 찾아 준다. 또한 자기주장(수동성이 아니라)은 비폭력 저항의 본질이기도 하다.[13]

연습해 봅시다!

누군가로 인해 불만족하거나 좌절감을 느꼈던 상황을 생각해 보라. '너'로 시작하는 비난의 말을 떠올리기 십상이다. 대신 나 전달문을 제시해 보면 어떻겠는가? "내가 _____ (감정)고 느낄 때는 네가 _____ (구체적 행동)할 때야." '느낀다'라는 말 뒤에

'……인 것 같다'라는 말은 어울리지 않는다는 것을 기억하라. 만약 부분적 책임감 진술이 적절하다면 어떤 내용이 되겠는가? 비난이 아닌 구체적 변화 요청도 포함될 수 있겠는가?

혹은 당신의 필요가 다른 사람의 필요나 기호와 균형을 이루지 못하고 때로 갈등을 빚는 실제 상황을 생각해 보라. 한 사람이 이기고 다른 사람은 손해 보는 방법을 떠올리기 쉽지만, 이런 상황에서 정말로 잃게 되는 것은 대부분 관계 자체다. 두 사람이 각자가 원하는 것의 일부라도 얻을 수 있는, 둘 다 '이길' 수 있는 결과는 무엇이겠는가?

12. 관계에서 경청하기

함께 있되 거리를 두라. 그래서 하늘 바람이
그대들 사이에서 춤추게 하라. 서로 사랑하라.
그러나 사랑으로 구속하지는 말라. 그보다도
그대들 혼과 혼의 두 언덕 사이에 출렁이는
바다를 놓아두라. 서로의 잔을 채워 주되 한쪽의
잔만을 마시지 말라.
– 칼릴 지브란, 『예언자』

소통에 기초한 관계는 우리 삶을 풍요롭게 만
든다. 개인 간이든 집단 간이든 관계에는 반드시 차
이점이 존재하게 마련이다. 사람마다 전제, 성격, 선
호하는 것이 다르기에 그와 맺는 관계가 가져오는
장점과 능력도 다르다. 적어도 친밀한 관계에서는
차이점이 매력이라는 화학작용을 일으키기도 한다.

서로 상대가 원하거나 부족한 부분을 채워 주니 말이다. 그러나 상대방을 자신의 이미지대로 개조하려는 유혹이 종종 있는데, 그 계획이 성공할 경우에 본래 가지고 있던 매력의 기초가 흔들릴 수도 있다! 마찬가지로, 여행의 매력은 지리, 건축, 생활 방식, 사고방식의 차이점을 마주하는 것이다. 일부러 찾은 장소가 자기에게 익숙한 배경을 모방해서 '개조'된 것이라면 그 매력은 이내 사라져 버릴 것이다.

차이점을 이해하고 소중히 여기기

개인이든 집단이든 저마다 자신의 전제를 관계에 가져오게 마련인데, 그 전제는 암묵적일 수도 있고 서면 계약이나 사명 선언처럼 공식적일 수도 있다. 우리는 왜 함께하는가? 우리 관계의 목적은 무엇인가? 우리가 함께 또한 개인적으로 바라는 것은 무엇인가?

4장에서 우리는 공감적 이해의 바탕이 되는 정신과 마음의 태도에 관해 살펴보았다. 그와 동일한 요소들이 관계에서 상호성의 견고한 기초를 형성한다. 상대방의 눈으로 보고, 자기중심성을 내려놓고, 상대방이 주는 것을 정중히 받아들이고, 상대방의 행복을 바라는 적극적인 마음이 그것이다. 물론 모든 관계가 상호성에 기초하지는 않는다. 가학적이며 착취하는 관계가 있는가 하면, 공통된 상황이나 갈등에 처한 사람들 간에 발생하는 소박한 관계도 있다. 이 책에서 나는 서로의 행복에 대한 관심과 헌신을 바탕으로 상호 합의된 관계에 대해 쓰고 있다. 그런 관계에 친밀한 유대감이 꼭 있어야 하는 것은 아니다. 예를 들어, 마케팅에서는 단순히 판매 실적을 올리는 데서 벗어나 자신의 요구사항이 충족되었다고 만족하는 단골을 개발하는 쪽으로 강조점이 옮겨 왔다. 이러한 상호성은 친구, 동업자, 직장 동료 사이, 국가 간, 그리고 조직과 교회 안에서도 드러날 수 있다.

상호성의 기본 전제는 서로의 경험과 관점을 이해하는 것이 가치 있다는 믿음이다. 이를 위해서는 자신의 제한된 준거 틀에서 벗어나려는 의지가 필요하다. 다른 사람의 관점을 이해하는 것은 개인적 관계에서도 중요하지만, 강점 탐구 이론[14]과 변혁적 리더십[15] 같은 조직 이론에서도 더 큰 사회적 가치를 인정받고 있다.

상호성의 두 번째 전제는 차이점을 존중하고 가치 있게 여기는 것이다. 칼 융은 사람을 구분하는 구체적인 방식으로 '심리 유형'을 제시했다.[16] 융의 심리 유형 항목 중 우리에게 가장 익숙한 것은 내향성-외향성이다. 대립쌍은 서로 다른 특성을 가진 정상적인 심리 유형이다. 이러한 네 가지 지표를 결합하여 만든 것이 마이어스-브릭스 유형 지표(Myers-Briggs Type Indicator)인데, 원래 제2차 세계대전 이후 평화 유지를 위한 도구로 개발되었던 것이다.[17] 다른 많은 심리학 도구와 달리, 이 지표에서는 나쁜 이야기나 평가가 없다. MBTI에서는 모든 유형이 각기 다른 강점과 선호도를 가지며 똑같이 가치가 있고 이러한 정상적인 차이를 이해하는 것이(어떤 성격 유형이 옳다거나 가장 좋은지를 두고 언쟁하기보다는) 의사소통과 관계의 핵심이라고 전제한다.[18] 에니어그램[19] 같은 체계에서도 서로 다르고 보완적인 심리 유형에 대해 비슷하게 설명한다.

상호성의 세 번째 측면은 협력, 즉 공동의 목적을 가지고 선의로 함께 일하는 것이다. 상호성의 관계는 일방적이지 않고 보완적이어서 각 상대의 필요를 존중한다. 경청은 상호성의 세 가지 측면, 곧 상대방의 관점 이해하기, 차이점 인정하기, 협력 모두에서 중요한 기술이다.

반영적 경청은 대화와 어떻게 다른가

사람들은 대화하거나 토론할 때 번갈아 가며 자신의 관점을 제시한다. 순수한 반영적 경청은 그렇지 않으며, 다른 사람의 의미와 경험을 이해하는 것이 유일한 목적이다. 공감적 경청의 기술을 배우다 보면 평소 자신의 경험에서 말하거나 질문할 만한 것들이 많이 떠오를 것이다. 하지만 반영적 경청의 과정은 다른 사람의 의미와 경험을 이해하고 반영해 주는 것이다. 그렇게 함으로써 질문을 하거나 당신의 관점을 이야기할 때보다 더 많은 것을 더 빨리 배울 수 있다.

반영적 경청이 편안해지고 능숙해지면 일상 대화의 일부가 될 수 있다. 시간을 내어 충분히 경청하고 확실히 이해한 후에 당신의 관점을 제시하라. 그런 다음 일반적인 대화에서는 반영적 경청과 자기표현을 번갈아 가며 할 수 있다. 상대방도 당신의 말을 충분히 경청하여 두 사람이 번갈아 가며 표현하고 경청하는 것이 이상적이다.

그러나 이 특별한 경청 방법에 편안해지고 능숙해지려면, 질문을 하는 대신 오로지 혹은 우선적으로 반영을 하는 연습을 하는 게 유용하다. 이 장 끝에 나오는 '연습해 봅시다!'는 그런 연습을 할 수 있는 한 차례의 기회가 되겠지만, 살다 보면 상대방은 눈치채지 못하더라도 연습할 수 있는 기회가 많이 찾아온다. 그 기회는 1-2분 혹은 좀 더 긴 시간일 수도 있다. 자기가 무엇을 하고 있는지 설명할 필요는 없다. 공개적으로 말하지 않고 자기만 의식하는 편이 더 나을 것이다. 반영적 경청 진술을 제시할 때마다 당신의 반영이 얼마나 정확한지 알게 되고 상대방이 의미하는 바에 대해 더 많이 알게 된다. 이렇게 하면 시간이 지남에 따라 반영을 제시하는 기술은 더 능숙해질 수 있다.

여러 가지 질문을 던지고 싶은 유혹을 물리쳐야 한다. 대개는 질문을 반영으로 바꿀 수 있다. 앞서 제안했듯이, 꼭 질문을 해야 한다면 상대가 대답할 때 적어도 두 번 이상 반영을 제시하면서 이어가라. 다른 방해물을 연습하고 싶은 유혹도 뿌리쳐야 한다(5장). 반영적 경청에 집중할 때 무슨 일이 일어나는지 살펴보라. 상대방이 알든 모르든, 당신과 이야기를 나누는 사람들이 당신의 스승이 된다.

연습해 봅시다!

다음은 두 사람이 충분히 경청하는 기술을 연습하는 방법이다. 각자가 7-10분 정도 말할 기회를 얻는다. 화자가 되면, **생각이 둘로 나뉘어서** 아직 생각(또는 마음)을 정하지 못한 것에 관해 이야기하라. 당신은 두 가지 다른 방향으로 끌리는 양가감정을 가지고 있다. 양가감정은 인간의 본성이기 때문에 주제를 찾기가 어렵지 않을 것이다. 선택이나 결정, 직업, 종교 문제나 사회 문제, 정치적 현안, 관계, 요청, 위기, 사는 곳, 시간 활용, 사업 확장이나 축소, 기부, 구매 가능성 등 어떤 주제도 괜찮다.

어려운 역할을 맡는 쪽은 청자다. 우선 주제를 정하기 위해서는 상대방이 두 가지 방식으로 느끼는 것이 무엇인지 알아내고 그런 다음 최대한 반영적 경청에 의존한다. 충분히 경청하면서 질문은 두 개까지 할 수 있으며 그 이상은 안 된다. 다시 말하지만, 질문은 반영으로 바꿀 수 있는 경우가 많다. 연달아 질문하느라 두 질문을 모두 써 버리지 말라. 두 질문 중 하나를 꼭 물어봐야 할 때는 반영을 덧붙이라. 더불어 "하지만 너는 ……에 동의하지 않니?" 같은 유도 질문도 피하라. 쉽지 않은 연습이지

만, 질문을 던지지 않고도 반영적 경청에 의존하는
것이 어떻게 가능한지 발견할 수 있는 좋은 방법이
다. 화자의 양가감정에 영향을 받아서는 안 된다. 어
느 한쪽 편을 든다거나, 화자가 결론이나 해결 방안
에 도달하도록 도와줄 필요도 없다. 당신의 유일한
목표는 판단하지 않고 양가감정을 경청하고 이해하
는 것이다.

　다음은 이런 대화가 어떻게 흘러갈 수 있는지
를 보여 주는 간단한 예시다. 이 주제는 미국을 비롯
한 여러 나라 정치권에서 활발하게 논의되어 온 사
안이다. 청자는 어느 한쪽 편을 들거나 개인적 관점
을 끼워 넣지 말고 화자가 처한 딜레마의 양쪽 모두
를 이해하는 데 중점을 둔다. 이는 두 사람이 모두
자기 견해를 표현하는 토론이나 논쟁과 순수한 반
영적 경청이 어떻게 다른지를 더욱 잘 보여 준다.

　　화자: 나는 낙태에 대해 생각이 둘로 나뉘는 것
　　　　　같아. 주로 모든 생명은 신성하다고 보는,
　　　　　낙태에 반대하는 쪽이야.
　　청자: 인간의 생명 말이구나.
　　화자: 사람뿐만이 아니야. 유기견이나
　　　　　길고양이를 죽이는 보호소라든가 실험용

동물이 희생되는 것이 싫어. 나는
채식주의자가 아니라서 그 점에서 완전히
일관성이 있는 것 같지는 않지만, 생명에는
신성함이 있는 것 같아.

청자: 그리고 네 말은 네가 **주로** 그렇게
생각한다는 거잖아.

화자: 맞아. 누가 살고 누가 죽는지를 우리가
무슨 자격으로 말할 수 있겠어? 그와
동시에, 현실적인 문제로 돌아왔을 때 내가
무슨 자격으로 한 여성을 대신해서 결정을
내릴 수 있겠어? 만약 어떤 여성이 강간을
당했다면, 억지로 아기를 낳게 하는 것이
옳다고 느껴지지 않아. 어떻게 그럴 수
있는지 난 잘 모르겠어.

청자: 여러 면에서 너는 생명과 선택을 모두
존중하는구나.

화자: 정말 말도 안 되는 일이지 않아? 그러니까,
이렇게 중요한 문제에 대해서 어중간한
태도를 보이면 안 되잖아. 우리는 생명에
대해서, 태아가 언제부터 진짜 인간인지에
대해서 이야기하고 있다고.

청자: 네 생각은 어떤데? (첫 번째 질문. 대신에

반영을 제시할 수도 있었다)

화자: 글쎄, 이 단계 이전의 태아는 생명이
      아니고 그 이후부터는 생명이라는 식으로
      어딘가에 선을 긋는 건 무척 자의적인 것
      같아.

청자: 그 문제를 흑백논리로 보진 않는 것
      같구나.

화자: 응, 그렇지 않아. 어떤 의미에서는 수정이
      이루어지는 그 순간에 적어도 생명의
      잠재력이 있으니까.

청자: 사후 피임약 같은 피임법을 반대할 수도
      있겠다.

화자: 잘 모르겠어! 다시 말하지만, 내가 뭐라고
      다른 여성을 대신해서 그런 결정을 내릴
      수 있겠어? 그러고 나서 이렇게 생각하지,
      '저 여자가 뭐라고 또 다른 생명에 대해
      결정을 내릴 수 있겠어?' 어쨌거나 살인은
      잘못된 거야. 난 사형조차도 야만적이라고
      생각하거든.

청자: 피임이나 낙태가 마치 살인처럼 느껴져서
      혼란스러운 거구나.

화자: 꼭 그런 건 아니지만, 이 문제의 **양면**을 다

볼 수 있어서 난처한 것 같아.

청자: 언제 그런 상황이 있었지? (역시나 반영이 될
수 있었던 두 번째 질문)

화자: 흠. 내 지인들은 대부분 이 문제에 대해
이쪽 아니면 저쪽이라는 꽤 확고한
의견을 가지고 있어. 어떤 사람은 내가
모든 낙태에 완전히 반대하지 않는다면
그리스도인이 아니라고 하더라고.

청자: 그 사람은 꽤 확신하는 것 같네.

화자: 마치 "나처럼 믿지 않으면 넌 지옥에 갈
거야"라고 협박하는 것 같았어.

청자: 그래서 너는 그것도 궁금하구나.

화자: 아니, 그렇진 않아. 나처럼 그 사람도 자기
의견을 가질 권리가 있지.

청자: 그게 뭔지 알 수만 있다면 좋을 텐데.

화자: 내 말이!

두 질문을 제외한 청자의 모든 반응은 반영이
었고 대개는 문단을 완성하는 반영이었다. 당신은
이 대화에 참여하고 있지 않은데도 대화 중 특정 지
점에서 자기 신념을 끼워 넣고 싶은 강한 충동을 느
꼈을지도 모른다. 양자 토론이나 논쟁에서는 실제

로 그렇게 할 수도 있을 것이다. 여기서 어려운 점은 특히나 관심을 끄는 주제에 관해서 자기 이야기를 잠시 접어 두고 상대방의 딜레마를 이해하기 위해 경청에 집중하는 것이다. 공감적 경청을 유지하는 것도 좋은 연습이다.

지금 시도해 보자!

13. 친밀한 관계에서
   공감적 이해하기

대부분의 사람은 사랑의 문제를 **사랑하는** 문제로
여기기보다 **사랑받는** 문제로 생각한다. 사랑은
본래 주는 것이지 받는 것이 아니다. 사랑은
우리가 사랑하는 자의 생명과 성장에 대한 우리의
적극적인 관심이다.
   - 에리히 프롬, 『사랑의 기술』

충분한 경청, 좀 더 일반적으로 말해 충분한 소
통은 우정과 친밀한 관계를 지속시키는 가장 중요
한 토대 가운데 하나다. 공감적 경청은 상대방의 삶
의 경험에 대한 관심과 배려를 전달한다. 책의 앞부
분에서 설명한 기술도 친한 사이에 더욱 잘 적용할
수 있다. 두 사람 다 이 특정한 기술을 사용할 줄 아
느냐는 중요하지 않다. 실제로 그렇게 하는 것은 호

의이며, 두 사람 모두 상대방과 자기 자신, 그리고 두 사람의 관계를 위해 그 기술을 사용하는 것이 가장 이상적이다. 관계를 맺은 두(혹은 모든) 사람이 함께 배우고 연습하면서 경청의 특징을 이해하는 게 가장 좋다. 시간이 지나면서 그런 경청은 제2의 본성이 되어서 '무언가를 하고 있다'는 것조차 의식하지 않게 된다. 함께 살아가는 방식이 되는 것이다.

충분한 경청은 양질의 관계를 위한 투자다. 공감적 경청의 기술이 함께 사는 사람들의 건전한 관계에 얼마나 기여할 수 있을지 생각해 보라. 시도해 볼 만한 가치가 있는 다른 것들과 마찬가지로, 충분한 경청에도 시간이 필요하다. 어떤 사람들은 서로의 말을 충분히 경청하려는 목적으로 데이트나 약속 같은 특별한 시간을 일부러 비워 둔다. 어떤 사람들은 음악이나 텔레비전을 끄고, 휴대전화나 다른 기기들을 무음으로 설정한 뒤 저녁 식사 자리에서 가족끼리 대화를 나눈다. 아침에 가장 정신이 맑은 사람에게는 아침 식사 자리가 좋을 수 있지만, 밤에 활발해지는 저녁형 사람에게 가장 좋은 시간대는 아니다. 어떤 경우든, 삶이 시끄럽고 분주할수록 충분히 경청할 시간을 정해 두는 것은 더욱 중요하다.

번갈아 말하기는 손쉬운 한 가지 방법이다. 한

번에 한 사람씩, 사전에 합의한 시간만큼 번갈아 가며 이야기할 수 있다. 그렇다고 나머지 사람(들)이 반드시 침묵해야 한다는 뜻은 아니지만, 그것도 한 가지 선택지가 될 수 있다. 앞서 설명했듯이, 반영적 경청은 다른 사람이 말하는 동안 연습해 볼 수 있는 상호작용 과정이다. 청자는 화자의 경험을 이해하는 것을 주된 목표로 삼아 방해물을 삼간다(5장). 반영적 경청 진술과 이따금 던지는 질문은 도움이 된다. 또는 화자가 간섭 없이 말한 다음에 청자가 상대방의 경험에 대해 이해한 것에 대해 반응할 시간을 갖는다면, 다시 한번 방해물을 피할 수 있다.

다음은 화자가 말하는 동안 정확한 공감을 연습하려는 청자의 예시다. 청자와 화자는 형제 사이로 퇴근 후 함께 앉아 쉬고 있다.

청자: 오늘 하루 어땠어? (열린 질문)

화자: 괜찮았던 것 같아. 시간이 잘 안 가는 것 같았어.

청자: 하루가 꽤 느리게 지나갔구나. (단순 반영)

화자: 그렇진 않아. 바쁘긴 했는데 시계를 보면 가끔 시곗바늘이 거의 움직이지 않는 것처럼 느껴졌어.

청자: 물이 끓기를 기다릴 때처럼 말이지. (비유)

화자: 맞아! 오늘 하루가 빨리 끝나길 바랐어.

청자: 너 뭔가 기대하는 게 있는 것처럼 신나
보인다. (반영)

화자: 오늘 밤에 데이트가 있어. 실은 소개팅
같은 거야.

청자: 신나면서도 신경 쓰이는 일이지. (반영)

화자: 그녀에 대해서는 아무것도 몰라.
온라인에서 만났는데, 그게 어떤 건지 형도
알잖아.

청자: 사람들이 항상 진실을 말하거나 진실을 다
말하지는 않지. (추측. 문단을 완성하는 반영)

화자: 맞아. 그래도 난 그녀의 말투가 마음에
들어.

청자: 네가 관심을 가질 만한 사람인 것 같네.
(반영)

화자: 맞아, 내 생각도 그래. 두고 보면 알겠지.

열린 질문과 첫 번째 단순 반영을 제외한 청자
의 모든 반응은 동생의 말뜻을 추측하는 복합 반영
으로, 대화가 계속 흘러가게 한다. 반영이 쉬워지면
부드러운 대화처럼 흘러간다. 놀림이나 조언, 경고,

주제 바꾸기 같은 방해물이 등장할 기회가 늘 있었지만, 청자는 순수한 반영적 경청을 유지했다.

다음은 3장에서 언급했던 커플의 또 다른 예시다. 둘 중 한 사람은 사무실에서 일하고 또 다른 한 사람(화자)은 대부분 집에 머문다. 상황을 떠올려 보자. 화자는 저녁 식사 후에 함께 편안한 시간을 갖고 싶었는데 상대방이 다시 일하러 가려고 준비하는 모습을 보았다. 둘 다 상대방에게 자신의 계획을 전달하지 않았다. 이번 경우는 화자가 자기 말을 경청해 달라고 먼저 요청한다.

화자: 다시 일하러 가려는 모양인데, 그 전에
　　　잠깐만 이야기할 시간 내줄 수 있어? 할
　　　말이 있는데 그냥 들어 줬으면 좋겠어.
청자: 저런! 별로 좋은 말이 아닐 것 같은데.
화자: 내 기분이 어떤지 잠깐 이야기하고 싶은
　　　것뿐이니까 조용히 들어 줬으면 해. 그러고
　　　나서 내 말을 어떻게 이해했는지 말해 주면
　　　좋겠어. 알겠어?
청자: 알았어. 그러니까 이따가 시험을 본다는
　　　말이네. (씩 웃는다)
화자: 제발 듣기만 해. 오늘 밤 저녁 식사 후에

우리가 함께 대화를 나누고 또 어쩌면
그 후에 사랑을 나눌 수 있는 오붓한
시간을 갖길 정말로 바랐어. 우리가 같이
산책하고 대화하던 때가 그리워.(나 전달법)
그런데 내 기분이 어떤지 너에게 알려
주지 않았다는 걸 깨달았어. 네가 집에
왔을 때 말했어야 했는데 말이야.(부분적인
책임감) 난 요즘 집에서 많이 외로웠고 하루
종일 당신이 돌아오기만을 기다린다고.
우리가 함께 시간을 보내는 것이 좋고,
그건 나에게 중요해. 반드시 오늘 밤일
필요는 없어. 그러면 정말 좋긴 하겠지만
말이야. 꼭 일하러 가야 한다면, '우리만의'
시간을 위해 다른 날을 잡아 줄 수
있겠어?(구체적인 요청) 이제 네가 대답하기
전에 내 기분을 어떻게 이해했는지 말해
줘.

청자: 음, 너는 최근 외로움을 느꼈고 오늘 밤
내가 집에 있으면서 너와 함께 시간을
보내기를 진심으로 바랐다는 거?

화자: 응. 좋아. 그리고 또?

청자: 반드시 오늘 밤일 필요는 없지만, 오늘 안

되면 조만간 함께하는 시간을 갖고 싶다는
것. 그리고 네가 날 사랑한다고 말하는 것
같은데.(멋쩍은 미소)

화자: 그래! 제대로 알아들었네!

이들이 내린 결정과는 별개로, 이것은 먼저 경
청한 후에 대답하기에 앞서 말한 내용을 요약한 예
시다. 청자의 요약은 맨 처음 진술이 질문으로 바뀌
긴 했지만, 무척 훌륭한 반영적 경청 진술이었다.

이 방법은 합의된 주제에 관해 교대로 이야기
할 때도 똑같이 사용할 수 있다. 한쪽이 정해진 시간
동안 말하면 상대방은 경청한다. 그러고 나서 청자
는 화자의 말뜻과 경험에 관해 자기가 이해한 내용
을 요약한다. 화자는 청자가 빠뜨린 중요한 내용을
덧붙이고 난 뒤, 서로 역할을 바꾸어 이번엔 청자가
화자가 된다. 청자의 반응은 동의나 반대, 공격이나
방어가 아닌 이해만을 반영한다는 점을 기억하라.
다시 말해 방해물이 없어야 한다.

이 방법을 시도할 땐 어렵거나 '뜨거운 쟁점'
의 주제로 시작하지 않는 게 좋다. 재미있지만 무겁
지 않은 주제를 선택하라. 관계 개선 모임에서 오랫
동안 사용된 또 다른 선택지는 두 참여자 모두 자기

대답을 따로 적은 뒤 차례대로 자기가 쓴 글을 읽으면 상대방은 경청하고 이후 자기가 들은 내용을 요약하는 것이다. 다음은 이와 같은 방법으로 친밀한 관계에 있는 사람의 이야기를 경청할 때 사용할 수 있는 몇 가지 주제에 대한 예시다.

- 당신 인생에서 내가 이해하기 어려울 것이라고 생각하는 경험에 관해 설명해 주세요.
- 진정한 기쁨이나 놀라움, 경외감을 경험했던 때에 대해 말해 주세요.
- 어릴 때 가장 친했던 친구는 누구입니까? 그 사람은 어떤 사람이었고, 어떻게 해서 가장 친한 친구가 되었나요?
- 당신이 과거에 알거나 지금 아는 사람 중에 멋지게 나이 들었다고 생각하는 사람에 대해 말해 주세요.
- 오늘의 당신에게 중대한 영향을 끼친 인생 경험을 세 가지만 꼽는다면 무엇인가요? 각각의 경험에서 어떤 교훈을 얻었나요?
- 오늘의 당신이 있기까지 중대한 도움을 준 세 사람은 누구인가요? 그들이 각각 당신에게 해 준 특별히 중요하거나 의미 있는 일은

무엇인가요?

- 지금 당신의 삶을 이끄는 가장 중요한 가치를 세 가지만 꼽는다면 무엇인가요? 당신에게 가장 중요한 것은 무엇입니까?

이해하기 또는 문제 해결

한 사람이 자기 경험을 설명하고 있는데 상대방이 경청은 하지 않고 해결책을 제시하려 할 때 흔히 오해가 생겨난다. 자녀와 함께 살고 있는 부부를 떠올려 보자. 한쪽이 퇴근하고 집으로 돌아오자, 볼멘소리가 쏟아진다.

내가 어떻게 하루를 보냈는지 자기는 모를 거야! 할 일이 한가득 있었는데 학교에서 전화가 와서 멜라니가 아프니 데려가라는 거야. 그래서 멜라니를 데려왔고, 지금은 멀쩡해 보이지만 하루 종일 멜라니를 돌봐야 했어. 게다가 전화가 계속 와서 방해하는 바람에 할 일을 하나도 못했어. 싱크대에는 여전히 그릇이 가득하고 빨래도 못했다고.

이 사람은 불만을 터뜨리며 단지 자기 말을 들어 주기를 바라는 것인가, 아니면 다음과 같이 문제를 해결하는 대답을 제시하는 편이 더 나을까?

흠, 있잖아, 난 사람들이 정리를 잘하도록 돕는 데 소질이 있어. 그게 내가 직장에서 하는 일이기도 하고 말이야. 할 일 목록을 같이 살펴보고 네가 우선순위를 정하도록 도와줄게.

또는

글쎄, 그냥 전화를 꺼 놓으면 될 것 같은데.

또는

다음엔 당신이 멜라니와 보건실에 잠시 앉아 있으면서 보건 선생님께 멜라니 체온을 재 달라 하고 상태가 나아지는지 지켜봐.

또는 심지어 이건 어떤가.

오케이, 좋아. 내가 설거지할 테니 당신은

세탁기를 돌려.

불만에 가득 찬 상대방이 다음에 무슨 말을 하
리라고 생각하는가? 아니면 다음과 같이 반영적 경
청과 인정을 시도하는 편이 더 나을까?

와! 정말 짜증 나는 날이었겠네. 당신 정말 많이
지쳤겠다.

또는

아이고, 힘들었겠네! 그렇게 힘겨운 하루를
보냈다니 내 마음이 안 좋네. 당신이 아이들을 잘
돌보아 줘서 정말 고마워.

또는

그렇게 계속 일이 끼어드는데 뭔가를 완수하기란
어려운 일이지. 당신은 그걸 다 어떻게 해내는
거야?

반면에 상대방이 진심으로 도움이나 해결책을

찾고 있다면 반영적 경청만으로는 그다지 만족스럽
지 않다. 당신이 어느 방향으로 가야 할지 물어볼 수
도 있다. 친구가 당신에게 전화해서 자기가 사는 아
파트 주민들과 겪고 있는 갈등에 대해 이야기한다
고 가정해 보자. 당신은 이렇게 물어볼 수 있을 것이
다.

> 이 상황에서 내가 어떤 친구가 되어 주면 좋을지
> 말해 줘. 지금 벌어지고 있는 일과 이 일이 너에게
> 미치는 영향에 관해 네 이야기를 기꺼이 들어
> 줄게. 또 네가 대응할 수 있는 또 다른 방법을
> 생각해 볼 수 있도록 기꺼이 도울 거야. 아니면
> 다른 뭔가가 훨씬 도움이 될지도 몰라. 지금 내가
> 너에게 어떤 친구가 되어 주는 게 가장 좋을까?

이렇게 묻는 것이 적절하지 않다고 느껴질 경
우 합리적으로 안전한 대안은, 반영적 경청으로 시
작해서 그것이 어디로 향하는지 지켜보는 것이다.
그리고 난 뒤 "넌 어떻게 했을 것 같아?"와 같은 질
문으로 상대방의 생각을 끌어낼 수 있다. 당신이 자
기 생각을 제안한다면 대개 먼저 허락을 구하는 게
좋다. "내 생각을 조금 이야기해도 괜찮을까? 그리

고 그중에서 네가 생각하기에 괜찮은 것이 있는지 말해 줄래?"

물론 화자가 자기가 원하는 것을 미리 알려 줄 수도 있다. 앞서 본 예시에서 집에 있는 상대방은 정확히 이런 식으로 이야기를 시작했다. "잠깐만 이야기할 시간 내줄 수 있어? 할 말이 있는데 그냥 들어 줬으면 좋겠어."

협력: 공동 책임

공감은 상대방의 행복에 대한 관심과 행동을 불러일으킨다. 인간관계에서 공감적 이해를 함께 실천하면 서로의 건강과 행복을 위한 헌신이 자라난다. 그런데 당신의 친구나 배우자를 행복하게 만드는 것은 무엇인가? **자신**을 행복하게 만드는 것을 주려는 게 인간의 자연스러운 성향이지만, 필요한 것과 원하는 것은 다르며 종종 반대되는 것에 끌리는 법이다. 공감적 경청은 두 사람이 서로를 행복하게 만드는 것이 무엇인지를 이해하는 데 도움이 될 수 있다.

P와 D의 힘

내가 커플 상담을 진행하면서 때로 사용한 직접적인 접근 방법은 두 사람이 각각 자기의 'P와 D', 즉 '유쾌(Pleases)와 불쾌(Displeases)' 목록을 작성하게 하는 것이었다. 'P'는 상대가 하거나 할 수 있는 행동 중 당신을 기쁘게 하는 것들이다. 당신이 행복하고 사랑받고 있다고 느끼도록 도와주는 것들이다. 반대로 'D'는 당신을 불쾌하게 하는 것들이다. 상대가 그런 행동을 할 때 당신은 상처받거나 불행하다고 느낄 수 있다. 자신을 돌아보는 의미에서 이처럼 P와 D를 나열해 보는 것은 흥미로운 연습이 된다. 한 걸음 더 나아가, 상대가 어떤 P와 D(당신이 하는 행동 중 유쾌하게 하거나 불쾌하게 하는 것들) 목록을 작성할지 추측해 볼 수도 있다.

주의해서 이런 일을 막지 않으면 시간이 지남에 따라 자연스럽게 관계가 멀어지는 경향이 있다. 친밀한 관계의 초기 단계에서 P는 매우 강력하다. 눈길 한 번, 다정한 말 한마디, 입맞춤 한 번, 접촉 한 번에 짜릿함을 느낀다. 관계가 무르익어 갈수록 P의 힘은 자연스럽게 줄어든다. 접촉이나 칭찬에도 예전만큼 흥분되지 않는다. 서로에게 익숙해지는 자연스러운 과정이다. 잘 모르는 멋진 사람에게서 칭찬을 들으면 짜릿하겠지만, 똑같은 말을 파트너에게서 들으면 짜릿함이 덜 할 것이다. 시간이 흐르면서 P의 즉각적인 영향력이 줄어들기 때문에 사람들은 P를 덜 실천하는 경향이 있으며, 이를 파트너는 "당연하게 받아들여지고 있다"라고 느낄 수 있다.

사랑하는 사이에서 D의 영향은 정반대다. 낯선 사람에게서 받은 모욕이나 비난은 쉽게 무시하고 잊어버릴 수 있다. 물론 어떤 사람들은 사소한 거절에도 극도로 민감하지만, 아무 관련이 없는 사람에게서 당하는 거절은 영향이 덜한 경향이 있다. 그런가 하면 대체로 비판적이고 판단하기 좋아하고 못마땅한 태도로 반응하는 부정적인 특성을 가진 사람들도 있다. 시간이 흐르면서 사람들은 그런 사람들의 말을 듣지 않게 되어 그들의 D는 영향력을 잃는다. "기분 나쁘게 받아들일 거 없어. 그 여자는 항상 그러니까." 그러나 사랑하는 사이에서 D는 정말 기분이 상하는 일일 수 있다. 생텍쥐페리의 고전 소설에서 여우는 어린 왕자에게 이렇게 말한다. "넌 네가 길들인 것에 대해 언제까지나 책임을 져야 해."[20] 당신이 정말로 아끼는 사람의 비판이나 거절은 참담하게 느껴진다. 일종의 대비 효과다. 오랜 세월 이어져 온 P의 역사 속에서 D는 충격적일 수 있다. 반대의 경우도 마찬가지다. 만성적으로 혹평을 일삼는 상사로부터 어쩌다 들은 칭찬에 기분이 우쭐해지기도 한다.

이것이 의미하는 바는 우리가 배려하는 관계에서 D에 유의해야 할 특별한 책임이 있다는 것이다. 당신이 보통 호의적으로 애정을 가지고 대하는 사람에게 때때로 일침을 가하는 것은 정말 기분이 상하는 일이다. 바로 그 안에 오랜 기간 이어 온 관계의 위험이 도사리고 있다. 시간이 지남에 따라 P의 영향력이 자연스럽게 줄어들기 시작하면 D가 효과를 본다(늘 당신이 원하는 효과는 아니라 하더라도). 그러므로 사랑의 관계가 부정적인 영향을 주는 쪽으로 흘러갈 수 있다. 대개 이런 상황이 펼쳐질 즈음, 커플들이 괴로워하며 상담을 받으러 온다. 대부분은 서로를 저격하고, P는 거의 사라져 버렸다. 아이러니하게도, 시간이 지나면 D조차도 영향력을 상실할 것이다. 이것은 절대 되돌릴 수 없는 상황은 아니다. 보다 중요한 것은 예방이 가능하다는 것이다.

그렇다면 이 모두가 경청과 무슨 관련이 있을까? 공감적 경청은 상대방의 내면 경험을 이해하는 것이라는 점을 기억하자. 무엇이 다른 사람을 기쁘게 만드는지 자동으로 알 수는 없다. 추측할 수는 있겠지만, 3장에서 보았듯이 그런 추측은 틀린 경우가 많다. 반영적 경청은 당신의 추측이 맞을 때까지 그것을 확인하는 과정이며, 여기서 '맞다'라는 것은 상대방의 경험을 이해한다는 의미다. 사랑하는 마음이 있더라도 우리는 상대방을 기쁘게 하는 것보다는 자신을 기쁘게 하는 것을 줄 수 있다.

그래서 나는 괴로워하는 커플들에게 P와 D를 염두에 두라고 권장해 왔다. 두 사람이 각자 자기 목록을 작성하는 것부터 시작하되 가능하면 P 목록을 길게 작성하라고 권한다. (일반적으로 사람들이 대인관계 상담을 받으러 올 때쯤이면 D 목록은 이미 충분히 길게 마련이다.) 그리고 난 뒤 자신의 파트너가 P와 D로 경험한 것이 무엇인지 알기 위해 목록을 교환한다. 그 시점부터 그 관계에 대한 각자의 책임은 자기의 P는 늘리고 D는 줄이는 것이다. 한동안 두 사람 모두 자기의 P와 D는 물론이고 상대방을 통해 경험하는 P와 D에 의식적으로 주의하며 그 수를 계속 세어 본다. 두 사람 모두 상대방의 행동과는 무관하게 P의 비율을 늘려야 할 책임이 각자에게 있다. (그렇지 않으면 끝없는 보복의 악순환에 빠지게 된다. "네가 나를 불쾌하게 했으니 나도 너를 불쾌하게 만들겠어.") P는 당신의 인간관계 은행에 예금하는 것이고, D는 출금하는 것으로 생각하라.

물론 자기의 P와 D를 의식적으로 생각하기 위해서 관계가 힘들어질 때까지 기다릴 필요는 없다. 당신의 행동이 상대에게 어떤 영향을 주는지를 더욱 의식하고 긍정적인 변화를 주는 것은 관계의 어느 시점에서든 가치 있으며, 습관과 좋지 않은 감정이 굳어지기 전에 하는 편이 훨씬 쉽다. 또한 당신이 일반적으로 하루 동안 사람들에게 주는 P와 D를 한동안 기록해 보는 것도 흥미로울 것이다. 모든 사람의 P와 D 목록을 알 수는 없다 하더라도, 당신의 말과 행동이 어떻게 받아들여질 가능성이 있는지를 꽤 훌륭하게 추측할 수 있게 된다.

변화 요구하기

관계를 맺고 있는 사람들은 서로 변화를 요구하는 방법도 필요하다. 그 방법의 올바른 순서는 다음과 같다.

1. 당신이 요구하고 있다는 점을 분명히 한다.

예를 들어, 이렇게 말한다. "나를 위해 이렇게 해 주면 좋겠어." "우리 관계를 강화할 수 있도록 뭔가 다른 것을 시도해 볼 의향이 있는지 궁금해."

2. 요구 사항을 구체적으로 말한다. "좀 더 다정하면 좋겠어"처럼 일반적인 요구는 명확하지가 않다. 당신은 무슨 뜻인지 알겠지만, 상대방은 그렇지 않을 것이다. 상대방이 할 수 있는 구체적인 행동에 초점을 둔다. "대화할 땐 제발 내 눈을 보고 휴대전화 좀 만지작거리지 말아 줘" 혹은 "우리 둘과 관련된 일정을 잡기 전에 나에게 물어봐 줘."

3. 당신의 요구를 상대방이 이해하는지 확인하기 위해 상대방에게 직접 말해 달라고 요청한다.

4. 상대방이 기꺼이 그 일을 할 것인지 아닌지를 물어본다.

5. 경청해 준 상대방에게 고마운 마음을 표현한다.

적절하게 부분적인 책임을 지거나 원하는 변화에 대해 어떤 방법으로든 도움을 주겠다고 제안하는 것도 도움이 될 수 있다.

당신이 그런 요구를 받는다면, 당신이 할 일은

이해했다고 확인해 주는 것이다. 방어적인 느낌이 들 수도 있지만, 가장 먼저 할 일은 당신이 어떤 요구를 받았는지 명확히 이해하는 것이다. 그래야만 당신에게 의지와 능력이 있는지를 결정할 준비가 된다. "노력할게"라는 말은 당신에게 의지는 있지만 할 수 있을지에 대한 의구심이 있음을 암시한다. 그보다 명확한 다짐은 "내가 할게"라든가 "최선을 다할게"다. 나는 일반적으로 "네가 _____를 하면 나도 너를 위해 이렇게 할게"처럼 거래를 제안하는 것은 권장하지 않는다. 그런 거래는 한 사람에게 흠이 생기기 무섭게 금세 망가질 수 있는데, 당연히 흠이 없는 사람은 아무도 없다.[21] 충분한 경청처럼 변화에도 지속성이 필요하다.

사랑하는 관계를 건전하고 튼튼하게 유지하는 것은 기나긴 여정이다. 공감적 경청과 자기의 P와 D를 염두에 두는 연습은 일찍 시작할수록 좋다.[22] 삶에는 기쁨과 슬픔이라는 자연스러운 파도가 있고, 그 파도는 다 지나가게 마련이다.[23] 파도에 자연스럽게 몸을 맡기라. 관계가 더 나빠지면 한쪽은 더욱 무리한 요구를 하게 되고, 다른 쪽은 점점 마음의 문을 닫는 흔한 패턴이 나타난다.[24] 이것은 관계에서 죽음의 소용돌이이지만, 제때 변화한다면 돌이킬 수 없는 것은 아니다. 괴로워하는 커플들을 상담하다 보니, 서로 지나치게 비난하는 습관을 중단하도록 즉시 개입하고 관계 회복을 위한 긍정적 조치를 취할 수 있게 돕는 것이 특히 중요하다는 것을 깨달았다. 금세 해결되는 경우는 드물고, 때로는 상황을 바로잡는 데 한참이 걸린다. 일찌감치 공감적 이해 연습을 시작하고, 서로의 행복에 기여해야 할 책임감을 인정하는 것이 더더욱 좋다.

연습해 봅시다!

삶에서 의미 있는 관계를 생각해 보라. P와 D 목록(상대방의 행동 중 특별히 나를 기쁘게 하거나 불쾌하게 만드는 것들)을 작성해 본다면 어떤 것들이 포함되겠는가? 한쪽 목록이 다른 쪽 목록에 비해 긴가? 이제 상대방이 당신으로 인한 P와 D를 써 내려간다면 무슨 말을 할지 상상해 보라. 이것은 당신의 상상임을 기억하라. 당신의 생각은 상대방이 실제로 할 말과는 매우 다를 수 있다. 두 사람이 각자의 P와 D 목록을 적고 교환한다면 무슨 일이 일어나겠는가?

당신이 소중한 사람에게 구체적인 변화 한 가지를 요구한다면, 이 장에 나오는 가이드라인을 활

용하여 그 요청을 정확히 어떻게 표현할 수 있겠는
가?

당신 삶에 의미 있는 사람과 함께 공감적 이해
의 기술을 연습하라. 이 책에서 설명한 기술을 배우
려고 노력하는 사람이라면 가장 이상적이다. 다시
말하지만, 딱딱하고 어려운 주제로 시작하지 말고
이 장 앞부분에 제시한 주제 중 하나를 선택하라. 당
신이 하는 이 연습을 잘 모르는 사람에게 소개하려
는 경우, 다음과 같이 설명할 수 있다(단, 당신 자신의
말로 해야 한다).

나는 경청을 잘하는 방법을 배우기 위해 노력하는
중인데, 내가 연습하는 것을 도와줄 의향이
있는지 알고 싶어. 여기 있는 목록에서 네가 5분
정도 이야기할 수 있는 주제를 하나 골라 주면
내가 최선을 다해서 충분히 경청해 볼게. 그러는
동안에 내가 제대로 이해하고 있는지 확인해 볼
거야. 네 말이 끝나면 내가 들은 내용을 짤막하게
요약할 테니 내가 제대로 이해했는지를 나에게
말해 주면 돼.

상대방 또한 이 기술을 연습하려 한다면 역할

을 바꿔 당신이 화자가 되어 주제 중 하나에 대해 5
분 정도 이야기한다.

14. 가치에 귀 기울이기

우리가 믿는 것과 행동하는 것이 다르다면 행복은
존재하지 않는다.

– 알베르 카뮈

시간이 지나면서 충분한 경청이 점점 쉬워지고
상대방을 더 잘 알게 되면, 그들의 직접적인 생각과
행동 배후에 있는 가치관을 이해하게 된다. 알든 모
르든 간에, 우리 각자는 이 세상에서 어떻게 인식하
고 행동할지를 안내하는 가치 체계를 가지고 있다.
우리는 각자 가장 중요하게 생각하는 것이 무엇인
지 더욱 잘 자각하도록 서로 도울 수 있으며, 그리하
여 의도적으로 핵심 가치에 더욱 충실하게 살 수 있
다.[25]
가치에 귀를 기울이는 것은 피상적인 수준을

넘어선다. 우리가 갈망하는 가치들은 일상의 사소한 대화에서는 드러나지 않을 수 있다. 이런 유형의 경청은 행동의 이면에 숨어 있는 목표나 의도를 탐색하기 위해 (허락을 얻어) 내면으로 들어간다.

당신이 누군가의 현재 경험 바탕에 깔려 있는 가치들을 경청하고자 더 깊이 몰두하기 원한다면, 또다시 분석적인 질문을 던지려는 유혹을 받을 것이다.

- 그걸 믿는 이유는 무엇입니까?
- 당신은 무엇을 성취하기를 바랍니까?
- 그렇게 행동하는 이유는 무엇입니까?

이런 질문을 하는 것이 잘못은 아니지만, 8장에서 다루었듯이 질문은 대답해야 한다는 (적어도) 무의식적인 압박감을 준다. 질문이 당신의 호기심을 자극할 수 있지만, 당신이 들은 내용과 딱히 말하지는 않았지만 의도했을 수 있는 내용에 대한 반영에 의존하는 것이 일반적으로는 더 낫다. 다음은 그에 대한 예시다.

화자: 나는 상사가 특정한 내용을 장부에 써넣지

말라고 요구하는 게 불편해.

청자: 옳지 않은 일이라고 생각하는구나.

화자: 내 생각은 그래. 내 일을 계속하고 싶고
상사가 하려는 일도 이해하지만, 이 일로
내가 난처해질 수도 있잖아.

청자: 법적인 문제 같은 거 말이지.

화자: 회사 안에서도 문제가 될 수 있어.
사장님도 이 일을 알고 계시는지 모르겠어.

청자: 이 문제에서 너한테 가장 신경 쓰이는
건 나중에라도 네가 난처해질 수 있다는
것이구나.

화자: 글쎄, 상사가 원하는 대로 따르면 그다음엔
어떻게 될지 알 수가 없어.

청자: 네가 판도라의 상자 뚜껑을 열기라도
하면……

화자: 응. 근데 통상적으로는 옳은 일이
아니잖아.

청자: 거짓말하는 것과 비슷하지.

화자: 흠, 그럴 수 있지. 그 부분이 정말 신경
쓰이는 것 같아. 부모님은 늘 정직한
사람이 되라고 말씀하셨어.

청자: 그럼 네가 난처해질까 봐 그러는 게

아니구나. 네가 믿는 것, 네가 자라면서
배운 것과 어긋나는 일이라서구나.

화자: 맞아. 한 번 속이기 시작하면 뒤엉킨
거미줄처럼 된다는 옛 속담이 뭐였더라?
점점 더 일이 꼬이게 된다는.

청자: 정직해지기가 더 쉽다.

화자: 그리고 기억해야 할 것도 적다. (웃음)

청자의 모든 반응은 반영적 경청 진술이다. 만
약 청자가 "넌 뭐가 걱정스러워?" 같은 질문을 했더
라도 그들은 같은 결론에 도달했을 수 있다. 하지만
그 질문은 **걱정**에 청자의 관심을 집중시키는데, 걱
정이 전부는 아니다. 좋은 뜻으로 한 질문도 대화의
폭을 좁힐 수 있다. 이 대화에서 화자는 정직이라는
근본적인 가치 쪽으로 마음을 바꾸었다.

우리가 가진 가치관이 서로 충돌하는 상황도
일어난다. 12장에서 화자가 "생각이 둘로 나뉘는
것"에 대해 이야기하는 연습이 있었는데, 딜레마의
양면을 이해하기 위해 충분히 경청하는 것이 청자
의 과제였다. '둘로 나뉘는 것'은 이 특정한 상황에
서 서로 충돌하는 밀접하게 연관된 두 개 이상의 가
치와 관련이 있다.

- 내 아이를 사랑한다. 그런데 또한 그 아이가
  하는 일에 반대한다.
- 나는 이것이 옳은 일이라고 생각한다. 그런데
  또한 사람들이 스스로 결정을 내릴 자유가
  있어야 한다고 생각한다.
- 한편으로는 돕고 싶다. 그런데 또 다른
  한편으로는 도움을 주는 일에 지쳤다.

이런 상황에서는 두 가치가 **모두** 중요하며, 이
들을 어떻게 조화시키느냐 혹은 어떻게 선택하느냐
가 문제다. 이런 양가감정은 문제를 해결하거나 한
쪽 편을 들거나, 조언하고 싶은 충동에 굴복하지 않
고 충분히 경청할 줄 아는 사람과 이야기를 나누는
것이 특히 도움이 되는 상황 중 하나다.[26]

양가감정에 대하여

양가감정이란 대개 둘 이상의 가치가 충돌을
일으키는 내면의 갈등이다. 다음은 양가감정에 대
해 알아 두면 좋은 다섯 가지 사항이다.

1. 무엇보다 양가감정은 지극히 정상적이다. 우

리는 무언가를 원하면서 동시에 원하지 않기도 한다. 한편으론 이것을 선호하지만, 또 다른 한편으로는 확신할 수 없다. X에 관심이 있지만, 동시에 Y와 Z에도 관심이 있다. 당신이 미친 게 아니다. 그것이 인간이다.

2. 당신은 양가감정에 오랫동안 발목 잡힐 수 있다. 예를 들어, 당신이 어떤 변화를 고려할 때, 흔한 패턴은 변해야 하는 이유를 먼저 생각하고 변하지 않아야 할 이유를 생각한 다음, 양가감정이 불편하기에 생각을 그만둔다. 생각하지 않는 게 더 쉬워 보인다.

3. 양가감정에는 세 가지 형태가 있다. 가장 쉬운 **계속해/계속해** 갈등은 두 가지 (혹은 그 이상의) 긍정적인 가능성 사이에서 괴로워하는 것이다. 두 가지 다 원하지만, 둘은 양립할 수 없다. 초콜릿 가게에서 겪는 선택의 어려움 같은 것이다. 다음으로 "악마와 검푸른 바다" 사이에 갇힌 듯 진퇴양난에 빠진 **그만해/그만해** 갈등이 있다. 여기에는 두 가지 (혹은 그 이상의) 가능성이 수반되는데 당신은 둘 모두 피하고 싶다. 세 번째는 무언가를 원하면서 동시에 원하지 않는 **계속해/그만해** 갈등

인데, 더 심각한 경우는 당신이 동시에 원하면서 원하지 않는 그 둘 사이에서 괴로워하는 것이다. 이런 상황은 당신을 정말로 미치게 할 수 있다.

4. 당신이 양가감정을 느끼고 있는데 누군가 당신에게 어떻게 해야 한다고 말하면, 그 반대로 주장하는 것이 자연스러운 반응이다. 이 과정에서 당신은 특정한 한 방향으로 가도록 말 그대로 스스로 설득할 수 있다. 당신이 상대방의 주장에 동의하더라도 반대 방향으로 움직이는 것이 자연스러운 경향이다. 상대방은 당신에게 호의를 베푼다고 생각하겠지만, 한 가지 선택을 고집하는 사람은 당신을 반대 방향으로 몰아붙일 가능성이 높다.

5. 이런 혼란에서 벗어나려 할 때 가장 어려운 점은 거기에 대해 생각하지 않으려는 유혹을 이겨 내는 것이다. 1772년에 벤저민 프랭클린은 양가감정에 대해 결정을 내리는 한 가지 방법을 설명했는데,[27] 이 방법은 분명 그보다 훨씬 더 오래전으로 거슬러 올라갈 것이다. 두 가지 다른 가능성을 고려할 때는 종이 한가운데에 선을 그어라. 한쪽(선택 A)에

는 A를 선택했을 때의 좋은 점(선택 B의 단점이 될 수도 있을)을 나열하라. 그리고 나서 다른 한쪽에 선택 B에 대해서도 똑같이 하라. B를 선택했을 때 좋은 점은 무엇일까? 또는 다음처럼 네 가지 목록을 작성할 수도 있다. 선택 A의 좋은 점, 선택 A의 덜 좋은 점, 선택 B의 좋은 점, 선택 B의 덜 좋은 점. 이런 목록을 작성하면, 당신의 생각보다 문제가 훨씬 더 명확하다는 것을 깨닫는 데 도움이 될 수 있다. 어떤 경우든 전체 그림을 한눈에 보는 데 도움이 된다.[28]

이런 상황에서 능숙한 청자라면 어떻게 하는 게 가장 도움이 될까? 참을성 있게 들을 줄 아는 사람은 양가감정을 가진 사람이 거시적 관점에 이르기까지 충분히 오랫동안 그 과정에 머물게 하는 데 분명 도움이 될 것이다. 당신이 청자라면 상대방이 결정할 수 있도록 돕고 싶은 열망을 느낄 것이다. 특정 방향으로 밀어붙이고 싶을 수도 있겠지만 그렇게 하면 의도하지 않은 역효과를 가져올 수 있음을 기억하라. 그리고 제발 깜찍한 '반대 심리' 전략 같은 것은 시도하지 않기를 바란다. 당신이 할 수 있는 가장 도움이 되는 방법은 딜레마를 해결하려 애쓰지 말고 양면(혹은 모든 면)의 내용을 충분히 듣는 것이다.

당신이 가장 소중히 여기는 것은 무엇인가

흔히 그렇듯, 다른 사람의 가치관을 명확히 하도록 돕는 가장 좋은 준비는 어쩌면 당신 자신의 가치관을 먼저 명확히 하는 것일 수 있다. 이 장 마지막에는 다양한 사람이 소중히 여길 만한 여러 가치를 간단히 설명한 목록이 있다. 당신도 이 가운데 많은 것을 어느 정도는 소중히 여길 것이다. 이것은 내가 수년 동안 세 동료와 함께 개발한 백 가지 가능성을 열거한 목록에 불과하다.[29] 이 목록에는 없지만 당신이 가치 있게 여기는 다른 것도 있을 텐데 그것을 추가해도 좋다. 이 목록은 원래 '카드 분류법'(card sorting)에 사용하기 위해 개발한 것인데, 먼저 작은 카드의 한쪽 면에 각각의 가치를 적는다.[30] 그다음에는 카드를 다음과 같이 다섯 더미로 분류한다. (1) 나에게 중요하지 않은 것, (2) 나에게 어느 정도 중요한 것, (3) 나에게 중요한 것, (4) 나에게 매우 중요한 것, (5) 나에게 가장 중요한 것. 더 간단한 방법은 목록을 훑어보고 삶의 지침이 될 만큼 가장 중요한 가치 열 개를 고르는 것이다. 그러고 나서 한 걸음 더 나아가 그것들을 우선순위에 따라 정렬할 수 있는지 본다. 삶의 지침이 될 만한 가치로서 진심으로 당신에게 **가장** 중요한 것은 무엇인가?

또한 이것은 당신이 소중히 여기는 사람들과 흥미로운 대화를 나누기 위한 기초가 될 수도 있다. 그들은 자기의 가장 중요한 가치로 무엇을 꼽을 것인가? 오랜 시간 알고 지낸 사람이라 할지라도 그 결과에 당신은 물론 그 자신도 놀랄 수 있다! 단순히 목록을 작성하지만 말고, 각각의 가치가 왜 그리고 어떻게 중요한지 더 알아보라. 이는 늘 그렇듯 열린 질문으로 시작해서 반영적 경청으로 이어질 수 있다. 일단 '가장 중요한' 가치를 몇 개 꼽아 보았다면, 다음과 같은 열린 질문들로 대화를 시작해 볼 수 있다.

- 어떤 면에서 이것이 당신에게 가장 중요한 가치입니까?
- 삶에서 이 가치를 어떻게 표현하고 있는지 몇 가지 예를 들어 주세요.
- 이 가치가 왜 그렇게 당신에게 중요하다고

생각하십니까?

• 이 가치를 실천하기가 가장 힘들었던 때는
언제입니까?

그렇다고 이런 질문에 너무 의존하지는 말라.
이것들은 시작에 불과하다. 핵심은 상대방이 가장
중요하게 여기는 것이 무엇인지 더 명확하게 알아
가는 동안 충분히 경청하는 것이다. 열린 질문을 하
고 난 뒤에는 방해가 되지 않도록 반영적 경청을 해
야 한다.

청자: 핵심 가치 중 하나로 '도전'을 꼽았군요.
어떤 면에서 이것이 당신에게 가장 중요한
가치입니까?
화자: 나는 스스로를 밀어붙이기 좋아하는 것
같아요.
청자: 당신이 할 수 있는 것을 알아내기
좋아하는군요.
화자: 혹은 제가 이미 할 줄 아는 것들에
만족하지 않는 거죠. 저는 계속 성장하고
싶어요.
청자: 이미 알고 있는 것에 만족하지 못하는군요.

화자: 아뇨, 그건 아닙니다! 제 말은, 많이
배웠다고 이제 배우기를 그만두어야
하냐는 것이죠.

청자: 훨씬 더 많은 가능성이 있죠.

화자: 훨씬 더요! 똑같은 일을 계속하면 금세
지루함을 느낍니다.

청자: 어쩌면 그래서 호기심 같은 것 때문에
인생이 계속 흥미로운지도 몰라요.

화자: 어릴 때 〈스타트렉〉 시리즈를 좋아했어요.
"저 우주에 뭐가 있는지 한번 보자고!"

청자: 당신은 지금 상황에 안주하지 않는군요.

화자: 글쎄요, 가끔은 그게 축복이자 저주인
것 같기도 해요. 가만히 있질 못하는
성향이거든요.

청자: '도전'이라는 가치의 또 다른 면은 지금
당신 상황에서 결코 편안함을 느끼지
못한다는 것이네요.

화자: 그 둘 사이에 균형이란 게 있을 수 있나요?

청자: 있을 수도 있죠.

화자: 어쩌면 그게 제가 찾고 있는 것일 수도
있겠네요. 하지만 저는 그 불안한 느낌을
잃고 싶진 않아요.

청자: 당신은 그런 불안정함을 좋아하는 것
같네요. 그리고 분명 현재를 좀 더 즐길
수도 있을 겁니다.

이 마지막 반영적 경청은 두 측면을 반영하는 양면적인 진술이다. 이런 양면적인 반영은 누군가가 양가감정을 느낄 때 특히 도움이 될 수 있다. 가운데에 '그리고'를 집어넣어서, 드러나는 두 주제를 모두 반영한다. 두 가지 모두 맞는 말이다. 양가감정을 느낄 때 사람들은 '맞아요, 하지만'에 발목 잡힐 수 있다. '하지만'이라는 단어가 지우개 같은 역할을 하는 것이 흥미롭지 않은가? 이 말은 지금까지 했던 말의 가치를 지워 버린다. "당신은 좋은 사람이고, 당신을 좋아해. 하지만……." 앞에서 했던 말은 갑자기 사라지고 당신은 이어서 나올 말에 대비해야 한다. '그리고'라는 말은 앞에서 한 말과 이어질 말 모두를 중요하게 만든다. "당신은 좋은 사람이고 당신 이야기를 듣는 게 정말 즐거워. 그리고 당신이 나에게 그렇게 많은 메시지를 보내면 그 하나하나에 다 신경 쓰느라 애를 먹는다고."

이 대화는 공감적 경청의 한 방법으로서 '단락 이어가기'의 좋은 사례이기도 하다. 내용을 조금만 바꾸어 보면, 모든 반영이 화자의 사고 과정, 즉 내면의 독백으로 자연스럽게 흘러갈 수 있다.

화자: 나는 내가 할 수 있는 일이 무엇인지 발견하고, 이미 할 줄 아는 것들에 만족하지 않으려고 스스로를 밀어붙이는 것 같아. 난 계속 성장하고 싶어. 이미 알고 있는 것에 만족하지 않거든. 내 말은, 많은 것을 배웠으니 이제 배우기를 그만두어야 하냐는 거지. 훨씬 더 많은 가능성이 있으니까. 훨씬 더 말이야! 똑같은 일을 계속하면 난 금세 지루함을 느끼지. 어쩌면 그래서 호기심 같은 것 때문에 인생이 계속 흥미로운지도 몰라. 어릴 때 〈스타트렉〉 시리즈를 좋아했는데. "저 우주에 뭐가 있는지 한번 보자고!" 난 지금 상황에 안주하지 않아. 가끔은 그게 축복이자 저주인 것 같기도 해. 가만히 있질 못하는 성향이고, '도전'이라는 가치의 또 다른 면은 지금 나의 상황에서 결코 편안함을 느끼지 못한다는 것이니까. 그 둘 사이에 균형이란 게 있을 수 있을까? 있을 수도

있겠지. 어쩜 그게 내가 찾고 있는 것일
수도 있어. 하지만 난 그 불안한 느낌을
잃고 싶지 않아. 그런 불안정함을 좋아하는
것 같아. 그리고 분명 현재를 좀 더 즐길
수도 있을 거야.

어떤 의미에서 화자와 청자는 하나의 이야기를
함께 들려주고 있다.

연습해 봅시다!

다음 목록에서 당신 인생에 지침이 될 만한 가
장 중요한 가치로 무엇을 꼽을 수 있겠는가? 열 개
미만으로 꼽되, 그보다 적어도 괜찮다. 그중에서 어
떤 것을 맨 위에 놓을지 구별할 수 있는가? 아마도
목록에 있는 다른 것들보다 훨씬 더 중요한 것일 테
다. 어떻게 순위를 정할 수 있겠는가? (이 단계가 마
음에 들지 않더라도 괜찮다.)

다음은 최종 후보에 속한 각 항목을 두고 생각
해 볼 수 있는 몇 가지 질문이다.

- 이것이 어떻게 당신의 핵심 가치가 되었다고

생각합니까? 당신에게 이것을 가르쳤거나
모범을 보여 준 중요한 사람들이 있었습니까?

- 지금 당신 삶에서 어떤 방법으로 이 가치를
  표현하고 있습니까? 이 가치를 실천하는
  방법의 좋은 예시는 무엇입니까?

- 그 가치를 실천하기가 특히 어려웠던 때는
  언제입니까? 당신이 가진 다른 가치 가운데
  이것과 충돌한 것이 있었습니까?

- 당신 삶에서 어떻게 하면 이 가치를 좀 더
  충분히 표현하고 실천할 수 있겠습니까? 어떤
  기회가 있을까요?

핵심 가치에 대해 당신은 누구와 대화를 나눌
수 있는가? 그 대화가 관계를 만들어 가는 흥미로운
연습이 될 만한 특정한 친구나 모임이 있는가? 당신
이 꼽은 핵심 가치에 대해 순서대로 서로 인터뷰를
진행하되, 이 장에서 설명하고 있는 열린 질문들로
시작하여 반영적 경청으로 이어 가라.

양가감정을 느끼는 주제에 대해 누군가가 이야
기하는 것을 충분히 경청할 수 있는 좋은 기회가 될
것이다. 이것은 흔한 일이다. 당신이 그저 침묵하거
나 조언 또는 다른 방해물을 제공하는 대신, 이 장에

서 설명한 방법을 실천한다면 대화가 어떤 식으로 흘러갈지 상상할 수 있는가? 다음번에 이런 상황이 생기면 한번 시도해 보라.

개인이 소중히 여길 만한 가치 100

1. **수용**—내 모습 그대로 받아들여지는 것
2. **정확성**—내 의견과 신념이 정확한 것
3. **성취**—중요한 업적을 이루는 것
4. **모험**—새롭고 흥분되는 경험을 하는 것
5. **예술**—예술을 감상하거나 예술로 자신을 표현하는 것
6. **매력**—신체적으로 매력적인 것
7. **권위**—다른 사람들을 책임지는 것
8. **자주성**—스스로 결정하고 독립적인 것
9. **아름다움**—주변에 있는 아름다움을 알아보는 것
10. **소속감**—어딘가에 속해 있고 참여한다고 느끼는 것
11. **돌봄**—다른 사람들을 돌보는 것
12. **도전**—어려운 과제나 문제를 도맡는 것
13. **편안함**—쾌적하고 편안한 삶을 사는 것
14. **헌신**—지속적이고 의미 있는 약속을 하는 것

15. **연민**—다른 사람에게 관심을 느끼고 그에 따라 행동하는 것
16. **복잡성**—복잡다단한 삶을 포용하는 것
17. **타협**—합의에 이르기 위해 서로 양보할 의지를 갖는 것
18. **공헌**—세계에 지속적으로 이바지하는 것
19. **협력**—다른 사람들과 공동으로 일하는 것
20. **용기**—역경에 맞서 용감하고 강해지는 것
21. **공손**—다른 사람에게 사려 깊고 예의 바른 것
22. **창의력**—새로운 물건이나 생각을 만들어 내는 것
23. **호기심**—새로운 것을 추구하고 경험하고 배우는 것
24. **믿음직함**—의지하고 신뢰할 만한 것
25. **성실**—어떤 일이든 철저하고 양심적으로 하는 것
26. **의무감**—의무와 책임을 다하는 것
27. **생태**—주변 환경과 조화를 이루며 사는 것
28. **흥분**—긴장감과 자극이 넘치는 삶을 사는 것
29. **신의**—인간관계에서 충성스럽고 진실한 것
30. **명성**—알려지고 인정받는 것
31. **가족**—행복하고 사랑스러운 가족을 갖는 것

32. **체력**—신체적으로 건강하고 튼튼한 것

33. **유연성**—새로운 환경에 쉽게 적응하는 것

34. **용서**—다른 사람들을 용서하는 것

35. **자유**—과도한 규제와 제한에서 자유로운 것

36. **우정**—친밀하고 힘이 되어 주는 친구들이 있는
    것

37. **재미**—재미있게 노는 것

38. **너그러움**—내가 가진 것을 남에게 주는 것

39. **진정성**—진짜 나다운 모습으로 행동하는 것

40. **하나님의 뜻**—하나님의 뜻을 구하고 순종하는
    것

41. **감사**—고마워하고 감사하는 것

42. **성장**—끊임없이 변하고 자라는 것

43. **건강**—신체적으로 건강한 것

44. **정직**—정직하고 진실한 것

45. **희망**—긍정적이고 낙관적인 인생관을 유지하는
    것

46. **겸손**—겸손하고 잘난 체하지 않는 것

47. **유머**—자신과 세계의 재미있는 면을 보는 것

48. **상상력**—꿈을 꾸며 가능성을 보는 것

49. **독립심**—남에게 의존하지 않는 것

50. **근면**—삶의 과제를 열심히 잘 수행하는 것

51. **평정심**―개인적인 평온을 경험하는 것
52. **진실성**―자기 가치관에 부합하는 방식으로 일상을 사는 것
53. **지성**―날카롭고 활발한 정신 상태를 유지하는 것
54. **친밀감**―타인과 사적인 경험을 공유하는 것
55. **정의**―모두에게 공정하고 평등한 대우를 지지하는 것
56. **지식**―가치 있는 지식을 배우고 제공하는 것
57. **리더십**―다른 사람을 격려하고 이끄는 것
58. **여가**―긴장을 풀고 즐기는 시간을 갖는 것
59. **사랑받기**―나와 가까운 사람들에게 사랑받는 것
60. **사랑하기**―다른 사람들에게 사랑을 베푸는 것
61. **숙달**―일상적인 활동에서 유능해지는 것
62. **마음챙김**―매 순간을 의식하고 알아차리며 사는 것
63. **절제**―과도함을 피하고 타협점을 찾는 것
64. **일부일처제**―단 하나의 친밀한 애정 관계를 맺는 것
65. **음악**―음악을 즐기거나 음악으로 자신을 표현하는 것

66. **불순응**—권위와 규범에 의문을 제기하고 도전하는 것

67. **새로움**—변화와 다양함이 가득한 삶을 사는 것

68. **양육**—다른 사람을 격려하고 지지하는 것

69. **열린 마음**—새로운 경험과 생각, 선택에 열려 있는 것

70. **정리 정돈**—잘 정리되고 정돈된 삶을 사는 것

71. **열정**—생각이나 행동, 사람들에게 강렬한 감정을 품는 것

72. **애국심**—내 나라를 사랑하고 섬기고 보호하는 것

73. **기쁨**—기분 좋게 느끼는 것

74. **인기**—많은 사람에게서 호감을 얻는 것

75. **권력**—다른 사람들에 대한 통제력을 갖는 것

76. **실용성**—실용적이고 신중하며 합리적인 것에 집중하는 것

77. **보호**—사랑하는 사람들을 보호하여 안전하게 지키는 것

78. **부양**—가족의 필요를 공급하고 돌보는 것

79. **목적**—삶의 의미와 방향성을 갖는 것

80. **합리성**—이성, 논리, 증거에 따라 행동하는 것

81. **현실주의**—현실적이며 실용적으로 보고 행동하

는 것

82. **책임감**―책임 있는 결정을 내리고 실행하는 것

83. **위험**―위험을 감수하고 기회를 잡는 것

84. **낭만적인 사랑**―강렬하고 흥분되는 사랑을 하는 것

85. **안전**―안전하고 안심되는 것

86. **자기 수용**―자신을 있는 그대로 받아들이는 것

87. **자제**―자기 행동을 다스리는 것

88. **자존감**―자신에게 만족하는 것

89. **자기 이해**―자신을 깊이 정직하게 이해하는 것

90. **봉사**―다른 사람을 돕고 섬기는 것

91. **성생활**―활발하고 만족스러운 성생활을 하는 것

92. **소박함**―최소한의 필요를 충족하는 소박한 삶을 사는 것

93. **고독**―다른 사람들에게서 떨어져 있을 수 있는 시간과 공간을 갖는 것

94. **영성**―영적으로 성장하고 성숙하는 것

95. **안정감**―매우 일관성 있는 삶을 사는 것

96. **관용**―나와 다른 사람들을 인정하고 존중하는 것

97. **전통**―예로부터 존중받아 온 양식을 따르는 것

98. **미덕**—도덕적으로 순수하고 훌륭한 삶을 사는 것

99. **부**—많은 돈을 갖는 것

100. **세계 평화**—세계 평화를 증진하기 위해 노력하는 것

15. 갈등 상황에서
충분히 경청하기

교육이란 화를 내거나 자신감을 잃지 않고도 거의
모든 것에 귀 기울일 수 있는 능력이다.

– 로버트 프로스트

갈등 상황에서 종종 이상한 일이 벌어진다. 사
람들이 서로의 말을 경청하지 않는 것이다. 일단 누
군가가 '반대편'에 있다고 인식하고 나면, 적어도 민
감한 주제에 대해서는 그들의 말을 경청할 필요가
없는 것처럼 보인다. 이런 일은 가족이나 친구들 사
이에서 일어나기도 하고, 각종 회의나 입법 및 정부
기관을 마비시키기도 한다.

갈등의 한복판만큼 충분한 경청이 어려운 상황
은 아마 없을 것이다. 공감적 경청만으로 갈등을 완
전히 해소할 수는 없지만, 적어도 좋은 출발점은 될

수 있다. 목표는 우선 서로 다른 관점을 이해하는 것이다. 귀 기울여 잘 듣는다고 해서 동의한다는 뜻은 아니다. 누군가는 이렇게 걱정할 수도 있다. "듣고 있는 내용에 분명하게 이의를 제기하지 않는다면 그걸 받아들이는 셈이 될 겁니다." 그렇지 않다. 이해는 단지 시작일 뿐이다.

다시 한번 말하지만, 이해하기 위해 충분히 경청하는 것은 반대할 방법이나 자기 관점에 맞출 방법을 알기 위해 오랜 시간 잠자코 있는 대화 방식과는 굉장히 다르다. 당분간은 의견을 주장하거나 똑똑하게 굴지 말아야 한다. 판단하고, 꼬리표를 붙이고, 당신은 이미 알고 있다고 생각하지도 말아야 한다. 이런 경청의 유일한 목적은 누군가에게 가장 중요한 것이 무엇인지, 그들이 어떻게 생각하고 느끼는지 이해하는 것이다. 이런 종류의 경청을 위한 기본적인 마음가짐은 **호기심** 곧 알고자 하는 흥미와 욕구다. 이런 경청에는 적어도 세 가지 도전적인 훈련이 필요하다.

1. 상대방의 경험을 이해하기 위해 호기심을 잃지 않고 온전히 집중하기(6장)
2. 방해물 삼가기(5장)

3. 상대방의 뜻이라고 생각되는 바를 거울처럼
   최대한 정확하게 반영하는 공감적 경청
   실천하기(8장)

공감적 경청은 모든 종류의 경험을 이해하는
데 도움이 될 수 있지만, 이 장에서는 갈등과 관련된
더욱 까다로운 적용 사례를 세 가지 살펴보고자 한
다. 첫째는 당신이 동의하지 않는 사람들의 말을 경
청하는 것이다. 둘째는 반영적 경청은 분노와 불화
를 완화하는 데 도움이 될 수 있다. 마지막으로 정확
한 공감은 갈등 해소에서 중요한 요소가 될 수 있다.

협곡을 가로질러 경청하기

우리는 우리와 그들, 흑과 백, 동쪽과 서쪽, 옳
은 것과 그른 것처럼 세상을 이분법적으로 인식하
려는 마음이 있다. 간단하다. 마치 세상에는 두 가지
관점만 존재하고, 우리가 가진 관점만 올바른 듯 보
인다. 이는 물론 환상에 불과하다. 세상에는 인구수
만큼이나 많은 다양한 관점이 존재한다. 정치와 종
교는 흔히 논쟁과 양극화를 초래하는 주제이지만,
현실을 인식하는 이원론적 방식은 사회 집단, 고정

관념, 학문 분야, 이혼 법정 등 다양한 맥락에서 일어날 수 있다. 이분법적 사고는 갈등과 분열을 유발하는데, 서로의 말을 경청하지 않을 때 더욱 악화된다.

나는 우리와 생각이 다른 사람들의 이야기를 충분히 경청하는 것이 중요하다고 생각한다. 무엇보다도, 자기와 다른 관점을 이해하고 알아보려는 마음도 없이 곧바로 차이를 무시하는 습관을 고치면 경험의 폭이 넓어진다. 충분한 경청은 협업과 관계에 도움이 되는 예상치 못한 공통점을 발견하게 해 준다. 또한 잘못된 가정에 근거해 대화가 진행되지 않도록 막아 준다. 말 한마디를 두고도 전혀 엉뚱한 추측을 할 수 있다면(3장), 누군가의 복잡한 가치관과 신념에 대해 추측할 때는 얼마나 더 많은 오해의 여지가 있겠는가!

우선은 당신과 갈등하지 않으면서 당신과 다른 관점이나 가치를 지닌 사람과 연습하는 편이 더 쉽다. 사실 당신이 악감정을 갖고 있지 않은 사람이라면 누구라도 가능하다. 어떤 사람을 선택하든 적어도 당신과는 다소 다른 관점을 가지고 있을 테니 말이다. 하지만 당신에게 익숙한 안전지대를 벗어나 보길 바란다. 예를 들어, 정치나 종교의 가치관이 당신과는 상당히 다를 것 같은 사람을 선택해 보라. 차이가 클수록 더 좋다. 이것은 대화나 토의, 토론이 아니라 충분한 경청을 연습하는 기회다.

특히나 논쟁의 여지가 있는 주제에 대해 상대방의 관점을 이해하는 것 외에 별다른 목적 없이 누군가가 그의 말을 잘 들어 주는 것은 대부분의 사람에게 흔치 않은 일이다. 평범한 일주일 사이에 당신이 하는 말은 몇 분이나 충분한 경청을 받는가? 이런 이유 때문에 당신이 무엇을 하려는지 사전에 분명히 밝히는 것이 중요할 수 있다. 나와 전혀 다른 정치적 관점을 가진 사람들의 말을 경청하는 연습을 하고자 할 때 나는 이렇게 제안했다.

> 정치적 견해가 매우 다른 경우에 사람들은 서로의 말을 듣지 않는 것 같습니다. 잠깐 동안 상대에게 이야기할 수도 있지만, 관심을 갖고 정중하게 듣지는 않습니다. 저는 이것이 우리가 더 열심히 해야 할 일이라 생각해서 연습을 좀 하려고 합니다! 괜찮으시다면 당신의 관점을 더욱 잘 이해하는 것 이외에 별다른 목적 없이 한 시간 정도 당신과 면담하고 싶습니다. 제 의도는 당신의 정치적 관점과 당신에게 중요한 것이

무엇인지 이해하기 위해 방해나 동의, 반대 없이
당신의 말을 경청하는 것입니다. 제가 몇 가지
질문을 할 수도 있지만 주로 최선을 다해 충분히
경청할 것입니다. 제가 이해한 것을 당신에게
말씀드리고 나면 제가 어떻게 이해했는지
저에게 말씀해 주시면 됩니다. 제 연습을
도와주시겠습니까?

그렇다. 한 시간이다. 이해하는 것 외에 별다른
목적 없이 한 시간 내내 누군가 내 말을 경청해 주
는 것은 흔치 않고 솔깃한 기회다. 내 제안을 거절한
사람은 아무도 없었다. 다행스러운 것은 우리도 **반
드시** 연습이 필요하다는 사실이다! 적어도 한동안
자신의 관점과 의견을 옹호하기를 중단하고 우리가
결사적으로 반대하는 주제에 대해 경청하기란 특히
나 어렵다. '면담'이라는 말이 적절해 보이는 이유는
훌륭한 면담자는 이해하고 명확히 하고자 노력하기
때문이다. 이것은 평범한 대화가 아니다. 면담자는
면담 대상자인 상대방과는 다른 역할을 맡는다. 물
론 일부 '면담자'들은 자신의 관점을 홍보하는 데 주
로 관심이 있는데, 내 생각에 이것은 좋은 면담이 아
니다. "＿＿＿가 사실인가요?"라든가 "＿＿＿에 동의

하지 않나요?" 같은 질문에는 숨은 의도가 있어서 대화를 유도한다. 그런 질문들은 호기심보다는 논쟁에 가깝다.

오히려 상대방의 신념을 이해하기 위해 면담하라. 당신 자신의 관점은 적어도 일시적으로는 이 과정과 무관하다. 당신이 면담을 잘 한다면, 화자는 당신의 개인적인 신념에 대해 거의 알 수 없을 것이다. 화자의 관점에 반론을 제기하거나 그것을 바꾸려는 것이 아니라 오로지 이해하려는 의도만 있으니 말이다.

협곡(잠재적으로 분열을 일으킬 수 있는 문제들)을 가로질러 경청할 때면 방해물이 과도하게 수행되어 거의 자동으로 반응할 수 있다. 양극화된 맥락에서는 다른 관점을 반사적으로 무시하고 싶은 유혹이 있다. 부디 공감적 경청 과정에 집중하라!

나는 관심이 집중된 주제에 관해 말할 때 사람들이 사건이나 사람에 대한 구체적인 불만을 종종 다시 끄집어내며 이야기를 시작한다는 것을 발견했다. 그때에도 당신이 방해물을 내놓지 않고 불만 사항을 경청한다면, 구체적인 내용을 넘어 훨씬 일반적인 가치관과 신념을 향해 나아갈 수 있다. 주의 깊게 경청하고 더 깊이 몰두하라. 이런 사례들이 화자의 근본적인 이상이나 원칙이 어떤 것인지를 시사하는가? 당신이 추측하고 있다는 것을 염두에 두고 그것들을 반영해 보라. 화자가 지향하는 '선'(善)은 무엇인가? 그의 견해를 이끄는 것처럼 보이는 긍정적인 가치는 무엇인가? 예를 들어, 정치는 잠재적으로 갈등하는 가치들 사이에서 우선순위를 정하면서 복잡한 이해관계의 균형을 맞추는 일이다. 이 사람의 관점에서 최우선순위를 가져야 하는 가치는 무엇인가? 질문에 지나치게 의존하지 않도록 경계하고, 평소처럼 어떤 질문이든 반영적 경청을 하며 따라가라. 나는 많은 사람들이 자기 신념의 토대를 심도 있게 고려하지 않는다는 것을 알고 있다. 구체적이며 강력히 지지하기까지 하는 정치적 관점조차도 근본적인 가치와 명확하게 연결되지 않을 수 있다. 누군가가 내 말을 충분히 경청해 줌으로써 자신의 여러 신념과 그 신념들 간의 진실성을 더 깊이 이해할 수 있다.

너무 정곡을 찔러서 충분히 경청하기 어려운 문제들도 있을 수 있다. 어떤 이유에서든 판단하지 않고 경청하기에는 너무 어려운 주제도 있을 것이다. 가슴 아픈 개인사를 건드리거나, 해결되지 않은 갈등과 관련이 있거나, 확고한 가치관을 뒤흔드는 주제일 수 있다. 심리 치료사들은 종종 자신이 특정한 유형의 고객이나 문제를 다루는 데 적합하지 않다는 것을 알게 된다. 흔한 일이다. 충분히 경청하되, 자기 자신의 한계도 인식하라.

곤란한 상황에서 경청하기

공감적 경청은 매우 흥분하거나 화가 난 사람들을 '진정시키는' 데 오랫동안 사용되었다. 누군가 당신의 말을 경청하고 경험을 이해해 주면 마음이 차분해지고, 오해를 예방하는 데도 도움이 된다. 이는 교육이나 지역 치안 유지 활동처럼, 한 사람이 평정심을 유지하고, 똑같이 맞대응하지 않으면서 부정적인 에너지를 흡수하고, 조용히 해결책을 모색할 책임이 있는 상황에서 특히 유용한 기술이다. 고객이 옳지 않을 때에도 "고객은 언제나 옳습니다"라고 말하는 고객 서비스가 그런 맥락이라 할 수 있다. 일반적으로 권장되는 대응 방법에는 반영적 경청, 사과, 부분적으로 책임지기 등이 있다. 자녀 양육은 어른이 특별한 역할과 책임을 져야 하는 또 다른 상황이다. 그런 상황에서 방어적이거나 공격적으로 대응하면 갈등과 분노만 키울 가능성이 높다.

다음에 나오는 실제 사례는 두 사람의 전화 통화 내용인데, 화가 난 화자로부터 시작된다.

청자: 여보세요?

화자: 당신이 뭔데 내가 우리 아이들을 돌봐야 한다고 아내에게 말하는 겁니까? 우리 가정사는 당신이 상관할 바가 아니잖아요!

청자: 저 때문에 무척 화가 나셨나 봐요. (반영)

화자: 당연하죠! 아내가 외출하면 내가 아이들을 돌봐야 한다는 게 무슨 뜻입니까?

청자: 제가 선생님의 사생활을 심각하게 침해한 것 같네요. (반영)

화자: 왜 아니겠습니까?

청자: 그 말에 왜 그렇게 화가 나셨는지 말씀해 주세요. (질문)

화자: 둘 다 퇴근하고 집에 왔는데, 아내가 목요일 밤에 외출하고 싶다면서 당신이 나더러 아이들을 봐야 한다고 했다더군요.

청자: 제가 강요하는 것처럼 보일 수도 있겠네요! (반영)

화자: 그래요, 도대체 무슨 생각이었던 겁니까?

청자: 솔직히 말하자면, 우리 여섯 명이 다 같이

모여야 하는데 나머지 다섯 명은 목요일 밤이 좋다고 해서 캐럴도 올 수 있는지 확인하고 있었어요. (정보 제공)

화자: 그래서 그게 나랑 무슨 상관입니까?

청자: 캐럴이 아이들과 함께 있어야 한다길래 당신이 잠깐 아이들을 봐줄 수 있지 않을까 생각했어요. 거기서 제가 선을 넘었다고 생각하시는 것 같네요. (반영)

화자: 당연하죠!

청자: 그래서 제가 당신 인생을 좌지우지하거나 이래라저래라 하는 것처럼 느끼셨군요. (반영) 불쾌하게 해 드려 죄송합니다. 그럴 의도는 아니었어요.

화자: 아이들을 어떻게 돌볼지는 우리 두 사람이 결정합니다. 아시겠어요?

청자: 잘 알겠습니다. 그리고 사과드립니다.

화자: 사과는 받겠습니다.

이런 상황에서는 방어하고 싶은 마음이 굴뚝같다. "제 말이 틀린 것 같지는 않은데요. 가끔은 당신도 아이들을 돌볼 수 있지 않나요?" 결과는 안 봐도 뻔하다. 공감적 경청을 고수하면 일반적으로 훨씬 더 나은 반응을 얻게 되고 대부분 상황을 빠르게 진정시킨다.

물론 한계를 정하거나 규율을 존중해야 할 때도 있다. 고객 서비스에는 수용할 수 있거나 수용해야 하는 정도에 대해 일정한 제한이 있다. 일관성이 장점이 되는 자녀 교육에서도 마찬가지다. 일관성을 유지하는 한 가지 방법은 상대방의 말을 인정하면서 제한이나 규칙을 조용히 반복하는 것이다. 레코드판을 사용하던 시대에는 이것을 '고장 난 레코드판' 기법이라고 불렀는데, 디스크의 결함으로 같은 소리가 반복되는 것을 가리키는 말이다. 다음은 열네 살 먹은 화자와 양육자 간의 대화다.

> 화자: 저 잠깐 나갔다 올게요. 숙제는 다녀와서 끝낼게요.
> 청자: 아니, 미안하지만 숙제를 먼저 하는 게 규칙이야.
> 화자: 숙제가 그렇게 많지도 않아요! 절대 오래 걸리지 않는다고요!
> 청자: 할 게 많지 않다는 건 다행이고, 숙제를 먼저 하는 게 규칙이야.
> 화자: 안 돼요! 친구들이 기다린단 말이에요.

청자: 친구들이 보고 싶은 마음은 알겠지만, 숙제 먼저 끝내.

화자: 바보 같은 규칙이에요.

청자: 지금 당장은 네가 불편하겠지만, 그래, 이게 우리 규칙이야. 숙제가 먼저다.

화자: 하지만 숙제를 다 하고 나면 친구들은 가 버릴 거라고요!

청자: 그거 정말 실망스러운 일이겠구나. 숙제 먼저 해.

화자: 애들한테 뭐라고 해요?

청자: 우리 집엔 숙제를 먼저 해야 하는 규칙이 있다고 말해. 미안! 친구들에게 전화해서 네가 얼마 되지 않는 숙제를 마칠 때까지 기다려 줄 수 있는지 물어보렴.

충분한 경청을 넘어서

충분한 경청은 그 자체로 가치가 있지만 더 나아갈 수 있는 토대를 제공하기도 한다. '협곡을 가로질러 경청하기' 예시에서는 논쟁의 여지가 많은 주제에 대해 친구의 관점을 충분히 경청하는데(어쩌면 상대방도 당신 말을 경청할 것이다), 이는 승패가 아닌 대화를 지속할 수 있는 기반이 된다. 또한 차후 협업을 위한 기반을 만들어 낼 공통된 목표나 신념을 발견하게 될 수도 있다. 충분한 경청은 첫걸음일 뿐이다. 이와 유사하게 '곤란한 상황에서 경청하기'에서는 '이해'한다는 것을 분명히 하기 위해서 상대방의 경험을 반영하는 것에 우선순위를 둔다. 거기에서부터 해결책을 협상할 수 있을 것이다.

갈등을 해결하는 것도 마찬가지다. 공감적 경청은 서로의 관점과 목표를 이해하기에 좋은 출발점이다. 중재 과정은 종종 상대의 말을 경청하는 데서 시작한다. 중재자가 있는 상태에서 각자 자기 이야기를 할 기회를 얻으며 상대방은 이를 경청하는데, 말을 끊거나 방해물을 늘어놓지 않는 것이 이상적이다. 사람들은 남이 자기 말을 잘 경청해 주면 자신도 더 적극적으로 경청하는 경우가 많다. 양쪽 당사자의 공통점은 무엇인가? 아마도 양쪽 모두 현 상황이 불만족스럽고 상황을 개선할 방법을 찾고 싶을 것이다. 각자가 하고자 하는 것은 무엇이고, 또 상대방이 무엇을 해 주기를 바라는가? 상호 긍정(10장)은 방어적 태도는 더 줄여 주고 소통을 가능하게 한다. 다시 말하지만, 누가 이기고 누가 지느냐의 문제가 아니다. 중재는 각자의 필요와 욕구를 최소한 어느 정도 존중하며 상호 동의할 수 있는 방법을 찾는 것이다. 인간관계의 치유와 분명 몇 가지 유사점이 있다(13장).

연습해 봅시다!

협곡을 가로질러 경청하기

당신이 알고, 좋아하고 (또는) 존경하는, 그러면서도 당신과 관점이 다를 것 같은 사람과 함께 시작하라. 정치나 자녀 교육, 종교, 가치관처럼 논쟁의 여지가 있는 영역에서 의견 차이가 생길 수 있다. 당신은 일방적인 경청 과정을 제안하거나 각자의 관점을 이해하기 위해 서로 경청하는 시간을 갖자고 제안할 수 있다. 앞서 언급한 것처럼 이런 면담에는 일반적으로 다음과 같은 설명이 필요하다. "당신이 _____에 대해 어떻게 생각하고 느끼는지 커피를 마시면서 한 시간 정도 이야기해 주실 수 있는지 궁금합니다. 토론이나 논쟁이 아닌, 당신의 관점과 당신에게 중요한 것이 무엇인지 제가 더 잘 이해하는 것 이외에는 별다른 목적 없이 당신과 면담하고 싶습니다. 제 관점은 이야기하지 않고 당신의 관점을 이해하기 위해 경청만 할 것입니다. 제가 몇 가지 질문을 할 수도 있지만 주로 최선을 다해 충분히 경청할 것입니다."

당신이 시간을 들여 다른 사람의 관점을 경청하고 이해한다고 해서 그 사람이 반드시 보답해야 할 의무는 없다. 하지만 각자 경청하는 시간을 갖는 경우, 상대방에게 이 책 앞부분에서 설명한 특정한 기술에 대한 경험이 반드시 있어야 할 필요는 없다. 당신이 첫 번째 청자라면 본을 보여 준다. 꼭 필요한 기본 원칙은 토론하거나 논쟁하지 않고 이해한다는 목표로 경청하는 것이다. 이런 경청은 한 시간이면 적절하다. 질문하고 나서 잠자코 있는 것이 가장 쉽지만, 여기에 반영적 경청을 연습할 이상적인 기회가 있다.

그럼에도 면담자는 묻고 싶은 질문을 미리 생각하는 경우가 많다. 예를 들면, 다음은 정치적 가치관을 탐색하는 면담에서 물어볼 수 있는 질문 몇 가지다.

1. 사회에서 우리가 서로의 복지를 위해 어느 정도까지 책임을 져야 한다고 생각합니까?
2. 영적 혹은 종교적 신념이 어떤 방식으로 당신의 정치적 신념을 형성하고 이끌어

갑니까?

3. 정부가 무언가로부터 우리를 보호해야 한다면, 그것은 무엇이라고 생각하십니까?

4. 정부가 해서는 **안 되는** 일에는 어떤 것들이 있다고 생각하십니까?

5. 정부의 역할을 고려할 때, 개인의 자유와 공익이라는 때로 갈등하는 가치 사이에서 당신은 개인적으로 어떻게 균형을 잡으십니까?

6. 당신이 가장 열정을 가지고 있는 정치적 주제에 대해 생각할 때, 그것은 당신의 근본적인 가치관에 어떤 의미가 있습니까?

7. 세금 납부와 그 사용처에 대해 어떻게 생각합니까?

8. 각 정부 부처가 어떤 결정을 내리는 것이 가장 좋다고 생각하십니까?

9. 당신과 정치적 관점을 많이 공유하는 사람들의 일반적인 입장과 당신의 입장이 갈리는 사안은 무엇입니까? 당신의 관점은 어떻게 다르며, 그 이유는 무엇입니까?

이것은 더 일반적이고 근본적인 가치관을 탐색

하는 예시일 뿐이다. 면담 과정에서 미처 생각하지 못했던 다른 질문들이 떠오를 수도 있다. 어떤 경우든 열린 질문은 한 번에 하나씩 하고 곧이어 반영적 경청을 덧붙이라.

다음은 특정한 문제에 더 구체적으로 초점을 맞추므로 시간이 덜 소요될 수 있는 또 다른 과제다. 이 주제에 대해 당신과 중대한 관점의 차이를 보이는 사람을 떠올려 보라. 그 사람에게 이 주제로 대화를 나누자고 청하라. 언쟁이나 토론을 원하지 않으며 오히려 최선을 다해 그 사람의 관점을 이해하려는 목표를 가지고 경청하려는 것뿐임을 사전에 설명하라. 실제로 반대하거나 설득하려는 유혹을 뿌리쳐야 한다. 열린 질문을 몇 개 던지되, 대부분은 반영적 경청을 연습하여 당신이 이해하고 있음을 확인하고 이해했다는 것을 보여 준다. 대화 마지막에 이 문제에 대한 상대방의 관점을 당신이 이해한 대로 최대한 잘 요약하여 알려 준다. 다시 말하지만, 논평이나 반대 없이 대화에 대한 감사 인사로 마무리한다. 이렇게 해서 당신은 이미 더 나은 이해에 기여한 것이다. 상대방이 보답하고 싶어 한다면 더욱더 좋다.

곤란한 상황에서 경청하기

이다음에 누군가 당신 때문에 화가 나거나 상처를 받은 것 같으면 당신이 이해하고 있음을 전달하기 위해 공감적 경청을 시도해 보라. 부분적인 책임을 반드시 인정할 필요는 없지만, 실제로 우리는 스스로 인정하고 싶은 것보다 더 자주 잘못에 책임이 있다. 충분히 경청하는 것만으로도 굉장히 긍정적인 진전을 이룬 것이다. 당신은 솔직하게 부분적인 책임을 인정할 수 있는가? 사과는 적절한가? 앞으로 어떤 변화를 통해 상한 감정을 줄일 수 있겠는가? 두 사람은 각자 무엇을 원하는가?

충분한 경청을 넘어서

이다음에 갈등을 겪게 될 경우, 공감적 경청을 통해 당신이 상대방의 관점을 이해한다는 것을 확인하라. 개인적 판단이 배제된 당신만의 언어로 상대방의 관점을 다시 말하고 난 뒤에 제대로 이해했는지 물어보라. 말뿐만 아니라 목소리의 높낮이에도 주의를 기울이라. 그리고 나서 상대방에게 당신의 관점을 경청하고, 들은 내용을 당신에게 말해 달라고 요청하라. 당신은 상대방에 대해 무엇을 긍정할 수 있는가? 두 사람의 공통점은 무엇인가? 당신

은 어떤 일이 일어나게 하고 싶은가? 당신은 무엇을
할 의향이 있는가? 두 사람을 모두 존중할 수 있는
해결책에는 어떤 것들이 있는가?

16. 공감적 이해가 주는 약속

우리의 종교가 유일한 '하나의 진정한 종교'라고
믿는 부족 의식에 머무른다면 종교 그리고 어쩌면
인류 자체도 살아남을 수 없을지 모른다.
– 리처드 로어

한편으로 볼 때, 공감적 경청은 다른 사람과 관
계를 맺을 때 당신이 내릴 수 있는 결정이자 특정한
상황에서 유용한 기술이다. 그것은 당신이 때때로
사용할 수 있는 능력이며 긍정적인 변화를 만들어
내기도 한다.

그러나 공감적 이해에는 우리 마음을 점점 더
사로잡는 무언가가 있다. 다른 사람들의 내면세계
로 향하는 문을 여는 것은 당신이 한 번도 들어 본
적 없고 몹시 읽고 싶은 매혹적인 이야기가 가득한

도서관을 발견하는 것과 같다. 자신의 눈은 물론이고 다른 사람의 눈을 통해 세상을 경험하는 것은 대단히 풍요로운 일이다. 이런 깨달음이 찾아오면, 정확한 공감을 일상적으로 추구할 수 있게 된다.

그러나 공감적 이해의 매력은 호기심을 훨씬 넘어선다. 정확한 공감은 일상적인 잡담의 피상성 아래로 파고들어 관계가 깊어지도록 만든다. 대화는 이제 더 깊은 이해와 연결을 촉진한다. 정확한 공감으로 시작된 우정은 인생 여정에서 동반자가 된다. 공감적 이해가 허용하는 범위 내에서 서로 마음을 열면, 친밀한 파트너 사이에는 서로에 대한 사랑과 감사가 더욱 깊어진다. 공감적 청자들이 뿌리내린 가족, 집단, 공동체는 양극화를 방지하고 지속적인 연결과 관계를 키워 낼 수 있다.

정확한 공감을 통해 당신은 인간 본성의 다양함과, 사람들이 삶을 인식하고 경험하는 다양한 방식에 눈과 마음을 열어 정말로 스스로 변화될 수 있다. 그와 동시에, 그것은 불가사의한 방법으로 인류가 하나임을 가르쳐 준다. 시인 칼 샌드버그의 말을 빌려 표현하자면 이렇다. "사랑과 음식과 옷과 일, 언어와 신앙, 잠과 놀이, 춤과 재미는 모든 대륙에서 언제나 똑같이 필요하다. 열대 지방에서 극지방

까지 인류는 너무나 비슷한 이런 필요와 함께 살았다."[31] 충분하고 깊은 경청은 우리 자신뿐만 아니라 다른 사람의 인간적인 나약함을 연민과 인내심을 가지고 받아들이도록 도와준다.

수많은 진리가 그러하듯, 여기에 역설이 있다. 대부분의 인간은 반사적으로 단점을 판단하고 바로잡고 비판하고 처벌하고 싶어 하는데, 마치 사람들이 스스로 충분히 나쁘다고 느끼도록 해 줄 수만 있다면 그들이 변화할 것이라고 믿는 것 같다. 그러나 사실은 정반대인 듯하다. 사람은 자신이 용납받지 못한다는 기분이 들면 일종의 마비가 일어나고 그로 인해 변화는 무척 어려워진다. 아이러니하게도, 우리의 모습 있는 그대로 인정받는 경험, 즉 과분한 존중과 은혜를 순간적으로 깨달을 때 변화가 가능해진다. 유능한 교사와 조력자들은 자신이 돌보는 사람들에게 공감적 수용 경험을 제공하는 방법을 배운다. 실제로 정확한 공감 능력이 뛰어난 상담사가 치료하는 고객은 긍정적으로 변화할 가능성이 가장 높지만, 공감 능력이 낮은 상담사와는 상담을 전혀 받지 않는 것보다 더 나쁜 결과를 초래할 수 있다.[32] 이런 치유 능력은 자격증이 있는 전문가들에게만 국한된 것이 절대 아니며, 일상에서 얼마든지 이 선물을 서로 주고받을 수 있다.

　그런 선물 가운데 하나가 '먼저 나서기', 즉 솔선하여 경청하는 것이다. 잘 듣고 이해하기 위해 당신의 시간과 온 주의를 집중하는 것은 사랑스럽고 파급력이 큰 행동이다. 다른 사람에게 맞추어 조율하는 것은 거의 모든 상황에서 내릴 수 있는 선택이다. 이상적으로는 서로 조율을 이루면 좋다. 먼저 나서서 경청하는 것은 자기중심주의의 대안으로 상호성과 협업의 문을 열어 준다. 물론 언제나 그런 것은 아니지만, 경청을 통한 조율 없이는 의미 있는 관계가 형성될 가능성은 거의 없다.

　공감적 이해는 광범위한 영향을 미치는 선택이다. '우리 대 그들'이라는 환상을 거부하는 존재 방식이요, 승자와 패자를 상상하는 부족적 사고를 벗어나 인류를 상호 연관된 다양한 한 가족으로 이해하는 방향으로 나아가는 발걸음이다. 이것을 실천하는 게 의무는 아니지만, 어쩌면 인류의 생존 자체가 공감적 이해에 달려 있는지도 모른다.[33]

주

1. Rogers, C. R. (1959). A theory of therapy, personality, and interpersonal relationships as developed in the client-centered framework. In S. Koch (Ed.), *Psychology: The study of a science. Vol. 3. Formulations of the person and the social contexts* (pp. 184-256). New York: McGraw-Hill.
2. Truax, C. B., & Carkhuff, R. R. (1967). *Toward effective counseling and psychotherapy*. Chicago: Aldine, p. 285. 강조는 원저자의 것.
3. 특정한 경청 기술 사용의 기초가 되는 광범위한 능력을 지칭하기 위하여 나는 이 책에서 '공감적 경청'(empathic listening)과 '정확한 공감'(accurate empathy)이라는 용어를 상호 교환하여 사용하고 있다.
4. Gladwell, M. (2008). *Outliers: The story of success.* (『아웃라이어』, 김영사)
5. Rogers, C. R. (1980). Empathic: An unappreciated way of being. In C. R. Rogers (Ed.), *A way of being* (pp. 137-163). New York: Houghton Muffilin. page 137. (『사람-중심 상담』 중에서 제7장 공감, 학지사)
6. Gordon, T. (1970). *Parent effectiveness training.* New York:

Wyden. (『부모 역할 훈련』, 양철북)

Gordon, T., & Edwards, W. S. (1997). *Making the patient your partner: Communication skills for doctors and other caregivers.* New York: Auburn House Paperback.

7. Salzberg, S. (1995). *Lovingkindness: The revolutionary art of happiness.* Boston: Shambhala Publilcations (『행복을 위한 혁명적 기술, 자애』, 조계종출판사); Armstrong, K. (2010). *Twelve steps to a compassionate life.* New York: Alfred A. Knopf.

8. 주 6번을 보라.

9. 반영적 경청은 구체적인 기술로 이 책에서 나는 이 용어를 "공감적 경청"과 상호 교환적으로 사용하고 있다. 토머스 고든은 "적극적 경청"(active listening)이라고 부르기도 했다.

10. Rogers, C. R. (1965). *Client-centered therapy.* New York: Houghton-Mifflin.

11. Rogers, C. R. (1980). *A way of being.* Boston: Houghton Muffilin.

12. Aliberti, R., & Emmons, M. (2017). *Your perfect right: Assertiveness and quality in your life and relationships.* Oakland, CA: Impact Publishers.
Jakubowski, P., & Lange, A. J. (1978). *The assertive option: Your rights and responsibilities.* Champaign, IL: Research Press.

13. Wink, Walter. (2003). *Jesus and nonviolence: A third way.* Minneapolils: Fortress Press. (『예수와 비폭력 저항(제3의 길)』, 한국기독교연구소)

14. Cooperrider, D. L., & Whitney, D. (2005). *Appreciative inquiry: A positive revolution in change.* San Francisco: Berrett-Koehler.

15. Bass, B. M., & Riggio, R. E. (2014). *Transformational leadership* (2nd ed.). New York: Routledge.

16. Jung, C. G. (1976). *Psychological types. In The collected works of C. G. Jung* (Vol. 6), ed. G. Adler & R. F. C. Hull. Princeton, NJ: Princeton/Bollingen. (『심리 유형』)

17. Myers, I. B., & Myers, P. B. (1995). *Gifts differing: Understanding*

personality type. Mountain View, CA: Davies-Black.

18. Kiersey, D., & Bates, M. (1984). *Please understand me: Character and temperament types* (5th ed.). Green Valley Lake, CA: Prometheus Nemesis.

19. Berghoef, K., & Bell, M. (2017). *The modern Enneagram: Discover who you are and who you can be*. Berkeley, CA: Althea Press.

20. de Saint-Exupéry, A. (1943). *The Little Prince*. Orlando, Fl: Harcourt. (『어린 왕자』)

21. Kurtz, E., & Ketcham, K. (1992). *The spirituality of imperfection: Storytelling and the journey to wholeness*. New York: Bantam Books.

22. Gottman, J. M., & DeClaire, J. (2001). *The relationship cure: A 5 step guide to strengthening your marriage, family, and friendships*. New York: Three Rivers Press.

23. 〔사람은〕 기쁨과 슬픔을 위해 창조되었으니, 이것을 올바로 알 때라야 우리는 안전하게 세상을 살아 나간다.—William Blake, *Auguries of Innocence*

24. Eldridge, K. A., Sevier, M., Jones, J., Atkins, D. C., & Christensen, A. (2007). Demand-withdraw communication in severely distressed, moderately distressed, and nondistressed couples: Rigidity and polarity during relationship and personal problem discussions. *Journal of Family Psychology, 21*(2), 218-226.

25. Rokeach, M. (1973). *The nature of human values*. New York: Free Press; Kirschenbaum, H. (2013). *Values Clarification in Counseling and Psychotherapy: Practical strategies for individual and group settings*. New York: Oxford University Press.

26. Miller, W. R., & Rollnick, S. (2013). *Motivational interviewing: Helping people change* (3rd ed.). New York: Guilford Press. (『동기면담: 변화와 성장을 돕는 사람들』, 시그마프레스)

27. Franklin, B. (1772). Moral or prudential algebra: Letter to Joseph Priestly (September 19) *The writings of Benjamin Franklin*

(Vol. 3: London 1757-1775).

28. 어빙 자니스(Irving L. Janis)와 리온 만(Leon Mann)은 좀 더 복잡한 견해를 설명하고 연구했다(1977). *Decision making: A psychological analysis of conflict, choice and commitment.* New York: Free Press.

29. Miller, W. R., C'de Baca, J., Matthews, D. B., & Wilbourne, P. (2011). *Personal Values Card Sort.* Department of Psychology. University of New Mexico. Albuquerque, NM.

30. 우리는 갑작스러운 삶의 변화를 경험한 사람들을 대상으로 하는 연구에서도 비슷한 카드 분류 방식을 사용했다. Miller, W. R., & C'de Baca, J. (2001). *Quantum change: When epiphanies and sudden insights transform ordinary lives.* New York: Guilford Press.

31. 1955년에 출판된 사진집 *The Family of Man*을 위해 칼 샌드버그가 쓴 서문에서 발췌. (『인간가족』, 알에이치코리아)

32. Elliott, R., Bohart, A. C., Watson, J. C., & Greenberg, L. S. (2011). Empathy. *Psychotherapy, 48*(1), 43-49; Moyers, T. B., & Miller, W. R. (2013). Is low therapist empathy toxic? *Psychology of Addictive Behaviors, 27*(3), 878-884.

33. Miller, W. R. (2017). *Lovingkindness: Realizing and practicing your true self.* Eugene, OR: Wipf & Stock; Wilber, K. (2017). *The religion of tomorrow: A vision for the future of the great traditions—more inclusive, more comprehensive, more complete.* Boulder, CO: Shambhala Publications.

잘 듣는 법

대화를 열어 주는 공감적 경청의 기술

초판 1쇄 인쇄 2024년 12월 24일
초판 1쇄 발행 2024년 12월 31일

지은이   윌리엄 밀러
옮긴이   이지혜
펴낸이   박명준

편집   박명준   펴낸곳 바람이 불어오는 곳
디자인   김진성   출판등록 2013년 4월 1일 제2013-000024호
제작   공간   주소 03041 서울 종로구 자하문로 5, 5층
                      전자우편 bombaram.book@gmail.com
                      문의전화 010-6353-9330   팩스 050-4323-9330
                      홈페이지 bombarambook.com

ISBN 979-11-91887-27-3 03320

바람이불어오는곳 은
삶의 여정을 담은 즐거운 책을 만듭니다.

🅕 🅞 bombaram.book